社長になる人のための経理の本

岩田康成

日経ビジネス人文庫

文庫版のためのまえがき

社長をめざす人々への応援歌です

二十一世紀に入った日本経済は、大きな転換を迫られています。

戦後の日本経済は、民主化と技術革新というエンジンをフル回転させて大きな成長を遂げてきました。これを支えてきたもの——それは一つひとつの会社であり、そこで働く多くの人々の意欲とエネルギーであったと思います。しかしいま、経済の構造改革が待ったなしの課題となり、多くのシステムの転換が迫られています。それらを支えてきた会社や人々も大きく転換することが求められているのです。

持株会社、分社化、会社分割、株式交換、企業の買収・売却、MBO等による企業再編・事業再編の動きが活発化しています。こうした動きは、新しい環境に適応しようとする企業の力の表れであり、新しい成長の兆しでもあります。そして、これらの力の源泉は、新しいビジネスパーソン——新しい経営者、新しいマネジメントの担い手にあり、彼らに大きな期待がかけられているのです。まさに経営は人であり、これからも経営を担う多くの人々の意欲とエネルギーが、新しい時代をつくっていくはずです。

新しい時代の会社経営を担う人々にとって、経理の基本的な考え方と知識をマスターすることが不可欠です。なぜならば「経理は経営」であり、経理の力なくして「経営の舵を取る」ことはできないからです。この本は、これから経営の舵取りをされるみなさんに、経営管理の道具としての経理の核心を理解していただくことを目的として書き上げました。その意味で本書は、これから社長をめざす人々への「経理再入門」であり、「社長をめざす人々への応援歌」でもあります。

研修会スタイルで実践的に学べます

こういうねらいから、本書の構成に思い切った工夫を施しました。「経営者になるための経営管理講座」という企業研修会を再現し、講師と七名の参加者による討議スタイルで書き上げました。自分の会社、ウチの会社の経理データを材料に質疑応答を中心に進んでいきますので、研修会に参加した気分で気楽にお読みいただけるはずです。

この研修会のポイントは次の通りです。現実の会社経営に役立つ実践的な考え方と知識がわかるように心がけました。細かい技術的なことは省略し、太い幹を取り出してザックリと明快に経理の核心に迫りました。

「経理は経営である」という言葉の意味は、経理という機能が会社経営そのものに直結しており、経営の用具として重要な役割を果たしているということです。本書は経営者の視点から経理の本質と基本をわかりやすく、実践的に解説しました。

経理のカンドコロを押さえました

まず損益計算書の構造とメカニズムについて解説しました。損益計算書は会社の成績表であり、経営者の一年間の手腕を数字で表したものです。会社の経営活動がどう表現され、経営者の行動、決定がどこに表れるかという観点から、損益計算書のメカニズムを説明しました。利益の中身をよく吟味し問題点の把握と将来の展望を分析するための「包丁さばき」についても詳しく述べました。

次は貸借対照表について説明しました。貸借対照表は会社の財政状態を表すもので、会社のストックの状況を描いています。毎日の会社活動はフローの連続であり、このフローの集積がストックになります。貸借対照表は「会社の顔」、会社の歴史がつくり出した顔です。会社を経営するということは、自らの会社のバランスシートをつくり出していくことを意味します。会社経営の結果を見抜き、明日への戦略と方策を考える力を持ってほしいという願いを込めて力いっぱい講義しました。

会社をよりよくするために全力投球しました

会社活動はおカネの循環活動であるという観点から、資金繰りの重要性についても触れました。「資金の舵取り」は経営の重要な仕事であり、資金繰りの技術についてわかりやすく説明しました。「損益の舵取り」と「資金の舵取り」は会社経営の車の両輪なのです。

管理会計については、「どうしたら儲かるか」という視点から全力投球いたしました。細かい技術的な説明は省略し、問題の本質に迫りました。会社活動に携わる人々が、本当の意味で数字を大事にし、計数をベースに行動し、会社を少しでもよくしていくための仕組みづくりを考えてみました。損益管理、予算、計画、戦略の問題をいっしょに検討しました。

経営をデザインできます

本書は、制度会計、管理会計、資金会計、税務会計等、かなり広い範囲にわたって解説しました。経理の機能を経営とのつながりの中で、実践的に描き出すよう努力しました。経理の道具を使って経営そのものの中心に向かって進むように心がけました。会社はヒト、カネ、モノ、情報の集合といわれていますが、この会社の経営状況を数字で描き出し、いまの姿を導き出すのが、本当の経理だと思います。

こういう経理の考え方と知識をマスターすれば、会社経営に役立つことは間違いないと思います。そして、みなさん一人ひとりが、経営という荒海に向かって自信をもって漕ぎ出すことができるはずです。一日も早く、みなさんの会社の経営をデザインしていただきたいと思います。

本書は、一九九六年に出版した『社長になる人のための経理の本』をベースに、その後の経理、会計をめぐる動きを付け加えたものです。今回も、日本経済新聞社出版局の網野一憲氏にたいへんお世話になりました。また、明治学院大学学生の江口緑氏にもお世話になりました。最後に妻・美奈子はじめ家族の協力に感謝します。

二〇〇一年九月

岩田　康成

社長になる人のための経理の本・目　次

1 ウチはいくら儲かっているか？ 19
——損益計算書を学ぶ

1 会社にも成績表がある 22
2 年商からすべてがはじまる！ 24
3 利益にもいろいろある 29
4 給料はどこに入っているのですか？ 36
5 一日千九百万円のコスト 39
6 会社の素顔がわかります 42

2 ウチのフトコロ具合を探る 45
——貸借対照表を学ぶ

1 B／Sは会社の断層写真です 46

2 これだけおカネをつぎ込みました 50
3 工場は借金でできている 59
4 ウチの資本金を知っていますか？ 64
5 会社にもツケとカケがあります 67
6 使ったおカネも財産になる 71
7 B／Sは会社経営の必須用具です 77

3 儲けの配り先——利益処分案を学ぶ 79

1 儲けを山分けする？ 80
2 株主にはいくらつつんだらいいか？ 83
3 社長のボーナスはいくらか？ 88
4 残りはどこにもっていくのか？ 92
5 めざせ「儲けの良循環」 94

6 監査報告書が付いています 95

4 勘定合って銭足らず——資金を学ぶ 101

1 黒字倒産ってなに？ 102
2 二年分前払いの家賃はどうなる？ 107
3 タクシーと社有車はどっちが安い？ 111
4 資金の舵取りが大事です 116

5 税金をこんなに払うの？——法人税を学ぶ 121

1 課税所得と申します 122

2 有税償却って何ですか？ 126
3 昔の損が役立っています 128
4 特別償却があります 129
5 脱税ではありません。節税です 132
6 税金はコストです 134
7 申告納税方式です 135
8 税務調査はこわくない？ 137
9 連結納税制度を知っていますか？ 138
10 タックス・プランニングはかっこいい？ 140

6 ウチの強みと弱みを知る 143
——経営分析を学ぶ

1 商売敵とウチはどちらが強い？ 144
2 ほんとうはどちらが儲けているか？ 148

3　どっちが効率的か？　153
4　どっちが不況抵抗力があるか？　158
5　五年先も大丈夫か？　170

7　どうすればもっと儲かるか？　177
――管理会計を学ぶ

1　経営に役立つ経理？　178
2　変動費と固定費　180
3　損益トントンの売上げ　182
4　ラーメンをひっくり返した損はいくら？　185
5　固定費は減らすだけでよいのか？　188
6　予算なんかいらない？　192
7　経営とはデザインすること　198
8　カネのなる木がありますか？　201

まとめ 207

8 会計ビッグバンを学ぶ 213

1 会計ビッグバンって何ですか？ 214
2 連結財務諸表——家族そろって歌合戦 218
3 キャッシュフロー情報の重視 222
4 時価会計はビッグバンの目玉です 225

経営者になるための経営管理講座
スケジュール

第1日目

9：00— 9：10	開講の言葉
9：10—10：40	「ウチはいくら儲かっているか？」
10：40—10：50	休憩
10：50—12：20	「ウチのフトコロ具合を探る」
12：20—13：20	昼食
13：20—14：50	「儲けの配り先」
14：50—15：00	休憩
15：00—16：30	「勘定合って銭足らず」
16：30—16：40	休憩
16：40—18：30	自由時間
18：30—	夕食、懇親会

第2日目

9：00—10：20	「ウチの強みと弱みを知る」
10：20—10：30	休憩
10：30—11：40	「どうすればもっと儲かるか？」
11：40—12：00	全体のまとめ
12：00—13：00	昼食
13：00	解散

参加者一覧

講　師　石井経理部次長

受講者　松田営業本部第２営業部長
清水総務部長
横田購買部長
菅原技術本部技術開発部長
木村業務部長
小山製造本部第３製造部長
加納研究所次長

1

ウチはいくら儲かっているか？

——損益計算書を学ぶ

石井　ご紹介いただきました経理の石井でございます。日頃は、いろいろお世話さまになっております。この度、「経営者になるための経営管理講座」の講師をしてほしい旨依頼がありました。私は、入社以来、皆様に育てられ、今日に至ったというのが実感です。今日は、そのご恩返しの意味も込めまして、一生懸命やらせていただきます。どうぞよろしくお願いいたします。

今日の研修のねらいについてお話いたします。皆様は、ゆくゆくはひとつの会社をまかされるお立場にあると聞いております。いわば、経営者として会社全体の舵取りをなされるわけです。

一方、経理といいますと、簿記、仕訳、原価計算など、わかりにくい計算をするところというふうに考えられています。しかし、経理の本当の意味は、「経営管理」であり、経営そのものを扱うものなのです。

これから、経営の舵取りをされる皆様に、経営管理の道具としての経理のカンドコロについて、理解できるよう説明をしていきたいと思います。細かい点はハショッて、大事なところをザックリとわかりやすく、解説していきますので、ご安心下さい。まことに僭越ですが、これは、皆様への応援歌でもあるのです。今回の研修のねらいもここにあると思います。

話の順番ですが、お手元のスケジュール表をご覧下さい。最初に、「ウチはいくら儲かっているか？」という表題で、損益計算書の読み方について、お話をします。損益計算書は、会社の成績表であり、会社の実力を読み取ることができます。

次は、「ウチのフトコロ具合を探る」と題して、貸借対照表についてお話しします。貸借対照表は、ズバリいって会社の断層写真です。この写真を読むことによって、会社のフトコロ具合が、よくわかります。非常に大事なものですね。

ここで、午前の部は、終わりです。

午後は、利益処分からスタートします。「儲けの配り先」と書いてありますが、まさにその通りです。ここに、会社のポリシーとメッセージを読み取りましょう。

次は、「勘定合って銭足らず」です。これは、おもしろい表現でして、利益は出ているんですが、おカネがなくて四苦八苦の状態をいいます。おカネがなくて、倒産する場合もあるんです。ズバリ資金繰り（キャッシュフロー）の問題です。資金の舵取りについて、勉強します。

第一日目は、これで終了です。夕食の後、懇親会があります。お酒も十分用意されているはずです。こっちのほうが楽しいですね。本当のネライは、こっちの夜の部だと思います。私も、参加させていただきます。

二日目は、経営分析です。「ウチの強みと弱みを知る」と書いてありますが、決算書を分析して、強み、弱みを分析します。これは、まさに、会社の健康診断です。次のテーマは、「どうすればもっと儲かるか?」です。事業部長、社長になったつもりで、もっと儲かる方法を検討します。そして、会社経営をマクロ的に考える視点について考えてみましょう。

以上が、皆さんへの応援歌のメニューです。今日、ご参加の先輩諸氏は七名です。まさに、「七人の侍」です。そして、七人の侍が社長になる日は、もうすぐです。講師として、後輩として、私は、今まで経理マンとして得たものすべてを投じてこの研修に臨み、皆さんを応援したいと思います。

1 会社にも成績表がある

石井 それでは、損益計算書の話に入ります。その前に、事前にお配りしました資料、1番から15番までありますが、確認して下さい。忘れた方には、残部がありますので、申し出て下さい。それでは始めます。

会社というところは、ヒト、カネ、モノ、そして情報の集まりといわれています。

会社は、これらのものを使って、モロモロの活動をしています。メーカー、商社、銀行、デパート等々、それぞれの会社が競争しています。ところで、こういう会社の活動の成果とかパフォーマンスを計るにはどうしたらよいのでしょうか？　松田部長いかがでしょうか？

松田　まあー、われわれ営業の場合は、売上げだけれども、会社の場合は利益でしょうな。

石井　そうですね。いくら儲けたか、利益をいくら出したか、これが、会社の成果、パフォーマンスを表すものですね。しかも、その儲けが、本業でしっかり儲けたのか、ツキが良くてタナボタ式で儲かったのか、あるいは、非常に苦しくて、やりくり算段のうえやっと利益をひねくりだしたのか等がわかると、非常にいいですね。

こういったことを、わかるようにしてくれるのが、損益計算書なんです。いわば、会社の活動の成果を集約したものであり、会社のガンバリ具合がわかります。そうそう、小学校時代の成績表みたいなもんですね。で、これから、このP／Lについて、説明していきたいと思います。

小山　石井君、いやいや、失礼。石井さん。そのP／Lというのは何の略ですか？　われわれの世界ではPLといえば、製造物賠償責任のことをイメージしますが？

石井　大変失礼しました。P／Lとは、「プロフィット・アンド・ロス・ステイトメント」の略でして、損益計算書のことです。Pスラッシュ Lと書きます。一種の職人用語ですね。こういう経理の職人用語についても、できるだけ解説していきましょうね。

さて、これから、損益計算書について、勉強します。よく、経理の話は、あまりにも専門的で、細かすぎて、わかりにくいといわれています。私も、そう思います。ですから、今日は、大事なところだけを、ザックリ取り出して、わかりやすく、ここぞというポイントをご説明いたしますので、ご期待下さい。

2　年商からすべてがはじまる！

石井　加納次長にお聞きします。ウチの年商は、いくらでしょうか？
加納　えーと、たしか六千百億円ぐらいでしたよね？
石井　はい、オーケーです。ウチの年間売上高は、六千二百五十一億円です。松田部長のところで、一年間頑張って売っていただいたものの合計が、六千二百五十一億円。皆さんの汗と涙と努力の結晶が、六千二百五十一億円ということですね。

資料1

損益計算書

自　平成12年4月1日
至　平成13年3月31日

（単位：億円）

（経常損益の部）	
営業損益	
売上高	6,251
売上原価	5,020
販売費及び一般管理費	920
営業利益	311
営業外損益	
営業外収益	307
受取利息	3
受取配当金	223
その他収益	81
営業外費用	150
支払利息・割引料	70
その他費用	80
経常利益	468
（特別損益の部）	
特別利益	130
特別損失	296
税引前当期利益	302
法人税住民税及び事業税	104
法人税等調整額	△ 79
当期利益	277
前期繰越利益	109
中間配当額	49
利益準備金積立額	5
当期未処分利益	332

資料番号1のウチの損益計算書を見て下さい。損益計算書は、売上高からスタートします。まず、売上げありきですね。この売上げが、成長と収益力の源泉になります。会社の大きさ、シェア、成長テンポ、会社の格といったものが、ここに表れます。すべての基本になります。

松田　ただ、営業にとっては売上げが第一であり、それが大事なんだが、売上げイコール儲けじゃないことも知っていないとダメだね。売上げは稼ぎであり、儲けは利益だということね。私のいいたいこと、わかります？

石井　ええ、わかります。そこで、売上げからスタートして、儲け、利益がどう出てくるのかを見てみましょう。

損益計算書を上からズーッと下まで見て下さい。いろいろ数字が、並んでいます。ところで、このP／Lは、四つの箱から成り立っています。ちょうどお正月のおせち料理を入れる重箱が、四つ重なっていると思って下さい。

まず、営業利益のところまでが、一の重で、営業損益の箱。次は、経常利益のところまでが、二の重で、経常損益の箱。三の重は、税引前当期利益までで、特別損益の箱。四の重は、当期未処分利益までで、未処分利益の箱、という具合です。

清水　重箱が積んであるという説明は、おもしろいね。赤線で囲んで、四つの箱を書けば、いいわけだ。で、それぞれの箱に入れる料理が違うように、それぞれの数字の中身が、違うんでしょうね？

石井　そうです。それぞれ、違うのです。説明しましょう。まず、営業損益の部は、商売上の儲け、言い換えれば、本業が生み出した儲けを表します。まず、ここで、キチンと儲けを出さないと、苦しくなります。この営業利益に、営業外収益と費用を加えたのが、経常損益の部で、二番目の箱に入ります。営業外収益、費用は、金融取引に関わるもので、支払利息や受取利息などが含まれます。経常利益は、会社の一年間の期間損益を示すもので、大変重要視されます。

次の特別損益の部は、普通の営業活動とは関係のないところで生じた儲けや損失を入れるところです。土地などの不動産を売った利益は、ここに入ります。いわば、臨時収入、臨時損失を入れる箱です。

最後は、これだけ儲けて、これだけ税金を払って、自由に処分できる利益がこれだけあります、といっているところです。当期未処分利益とは、こういう意味です。

損益計算書の４つの箱

営業損益
経常損益
特別損益
未処分利益

菅原　こうして、四つの箱に分けてみると、会社の儲けの

中身というか内訳がよく見えてきますね。本業で儲かったのか、土地を売って儲けたのか、これは、えらい違いですからね。実力がわかりますね。

そこで、質問。この箱には、こういうものを入れなさいとか、こういうものを入れてはいけないとかを、決めている法律みたいなものがあるんですか？

石井 ええ、あります。企業会計原則とか商法とかが、基本を決め、いろいろな会計規則があります。損益計算書が、チャンと正しく作られているかどうかをチェックするために、公認会計士等の監査もあるのです。

損益計算書をこのように見てきます

企業会計原則

企業会計原則は，会計実務の歴史の中で慣習として発達したものの中から，一般に公正妥当と認められたものを要約したものです。企業会計の実践規範，指導原理の役割を果たしている重要な原則です。この原則は，企業の会計を行う際のよるべき基準，指針であるとともに，会計監査人が監査を行う時に財務諸表がこれに準拠しているかどうかを確かめる基準でもあります。長い歴史的経験の中から生まれた産物として一般に公正妥当と認められたものであり，会計処理の真実性を支える規範です。

企業会計原則の一般原則には，真実性の原則，正規の簿記の原則，資本・利益区分の原則，明瞭性の原則，継続性の原則等があります。

と、少々キザですが、次のことがいえます。損益計算書から、私たちは、その会社の一年間のビジネスストーリーとその成果を読み取ることができます。ビジネス・パフォーマンスの善し悪しだけでなく、数字のうしろに隠れている人間の活動を読み取ることができるのです。

3 利益にもいろいろある

石井 損益計算書の構造と大きな仕組みについて、説明してきましたので、これから、もう少し細かい説明に入りたいと思います。

ところで、利益にもいろいろな種類の利益があるんですが、みなさんいくつぐらいご存じでしょうか？　清水さん、いかがですか？

清水 えーとですね、営業利益、アラ利益、税引後利益、限界利益……

石井 はい、まずまずですね。これから、五つの利益について説明いたします。売上総利益、営業利益、経常利益、税引前当期利益、当期利益の五つです。売上げからスタートして、儲けが決まっていくプロセスをやや詳しく追っていくことになります。では、損益計算書を見て下さい。

損益計算書の構成

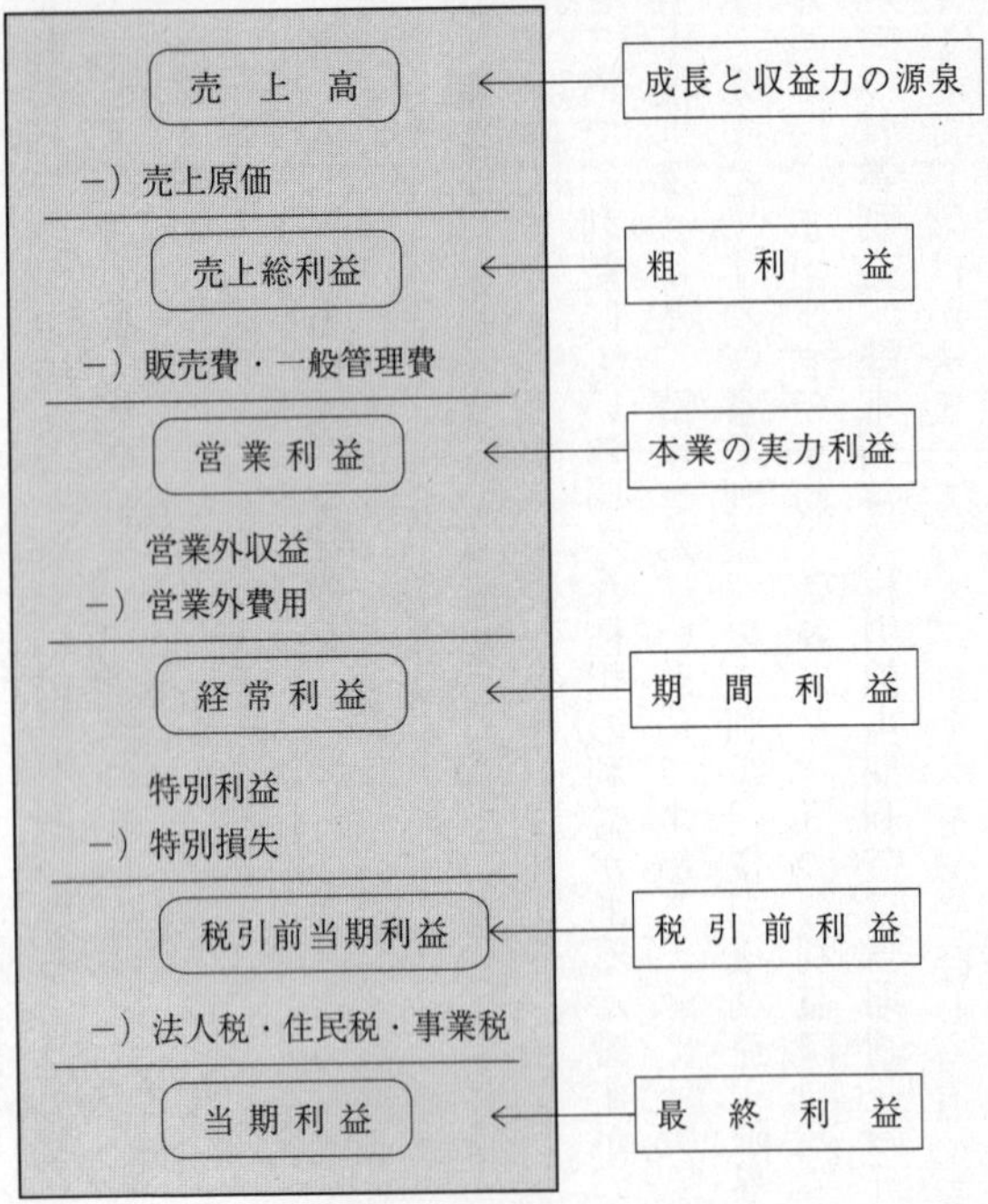

最初の利益は、**売上総利益**です。売上げから売上原価を引きます。ここでいう売上原価とは、製品の購入代や製造コストのことで、売上げ、稼ぎを得るためにかかった直接的な費用を引いた残りの利益が、この売上総利益です。

横田　たしかアラ利とかアラ利益とかいうのがありますが、それと同じですか？

石井　そうです。同じものです。小売店やスーパーで、アラ利がいくらとか、アラ利率何パーセントとかいっていますが、売値から仕入れ値を引いた利益、これがアラ利で、売上総利益のことです。

次は、**営業利益**です。これは、売上総利益から販売費及び一般管理費を差し引いた残りです。えーと、この販売費及び一般管理費というのは、本社や支店の営業部門、管理部門でかかった費用や運賃、保管料などの物流費用などのことです。研究部門の費用も含まれます。ここまでで、売上げから製品の購入や製造にかかった費用、本社、支店、研究所等でかかった費用を引きましたので、この営業利益は、会社の本来のビジネスが生み出した儲けを表します。本業が生み出した利益といえますね。

石井　この営業利益に、営業外収益を加えて営業外費用を引いたものが、**経常利益**です。営業外収益とは、銀行へ預けた預金の利息収入などであり、営業外費用とは、銀行から借り入れた借金の支払利息などをいいます。この二つを合わせて、**金融収支**といい、これが、プラスかマイナスかにより、会社の損益が大きく変わります。

この経常利益は、最も注目される利益でして、会社の実力を表す利益であり、よく新聞の経済面をにぎわすものです。

資料番号2の記事を見て下さい。「製造業、経常益四割増、電機、自動車、二ケタ

資料２

4期ぶり増収増益

上場企業の前期決算

製造業、経常益4割増

電機・自動車、2ケタの伸び

日本経済新聞社が全国上場の千八百六十三社（新興市場、金融、決算期変更会社などを除く）を対象に集計した二〇〇一年三月期の企業業績は増収増益となった。経常増益は二年連続だが、前の期まで減収傾向が続いたため、増収増益は一九九七年三月期以来、四期ぶり。携帯電話やパソコンなど情報技術（IT）関連は後半から需要の落ち込みがはっきりしてきたものの、前半にかけての需要増が電気機器を中心とする幅広い産業のけん引役となった。前期は製造業、非製造業ともに二ケタを超す高い増益率を記録した。だが、米国景気が減速するなか、二〇〇二年三月期は外需の押し上げ要因がなくなる。国内景気の低迷が長期化する懸念は根強く、全産業合計では三％弱と小幅ながら経常減益が見込まれる。

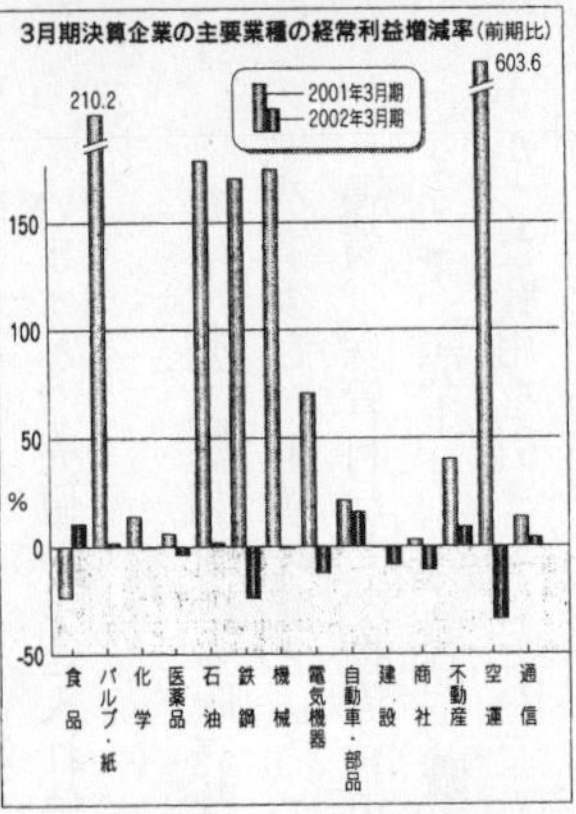

製造業合計の経常利益は四〇％増え、前の期（一八％）を上回る高い伸びとなった。生産合理化などで収益構造の改善が進んだのに加え、売上高が四・二％と前の期（〇・

日本経済新聞（2001年６月29日）

の伸び」という見出しで、二〇〇一年三月期の決算状況を伝えています。

石井　さて、次は四番目の**税引前当期利益**に入ります。経常利益に、特別利益と特別損失を加減すると税引前当期利益が出ます。特別という意味は、普通のビジネスには関係のない、臨時の特別な儲けや損失をいうからです。土地や建物を売った儲けなどが、特別利益。予期しない事故や災害による損失が、特別損失です。職人用語で、特損、特益といいます。これで、税金をさっぴく前の儲けが出てきます。

特損、特益のところは、キチッと見る必要があります。資料番号3の記事は、二〇〇一年三月期に上場企業が計上した特別損失は合計で十六兆一千億円になったと報じています。

松田　何でそんなに大きな金額になったのですか？

石井　まずリストラに伴う損失の発生です。そして将来支払うべき年金、退職金の積立不足額の計上。さらに不良資産の処理といったところです。

横田　バブル崩壊後、処理が遅れていた損失をここで一気に出したという感じですね？

石井　その通りです。企業の相次ぐリストラや年金債務の処理、財務内容の透明性を高める時価会計の浸透等がその背後にあります。難しくいえば、バランスシートに隠

資料3

上場企業 特損計上16兆円

前期最高に 年金債務処理など進む

上場する事業会社が二〇〇一年三月期に計上した特別損失（単独ベース）は合計で十六兆一千億円に達し、二〇〇〇年三月期を約三兆円上回って過去最高となった。財務内容の透明性を高める時価会計が浸透するなか、企業が相次いでリストラ（事業の再構築）や年金債務などの処理を進めたためだ。過去三年間の特損は三十八兆円にのぼり、バランスシート（貸借対照表）に隠れていた損失の処理が進んだといえる。

集計対象は三月期決算の全国上場企業のうち、過去三年間変則決算のない千八百五十三社。金融、新興市場は除いた。

企業の特損計上は、①将来支払うべき年金・退職金（退職給付債務）の積み立て不足の償却②リストラに伴う損失発生③不良化した資産の処理――などが要因。前期の特徴は年金債務処理の動きが広がったことで、特に社員数の多い大企業で償却額が膨らんだ。上位十社合計の特損約三兆円のうち、年金関連の費用は一兆一千億円と三分の一を占めた。年金債務の相次ぐ一括償却で、今期以降、こうした特損は急減する。

最も多額の特損を出した富士通は、年金の償却額が四千二百億円弱にのぼったほか、トヨタ自動車は二千六百億円弱、三菱重工業が千七百億円弱になった。各社とも穴埋めのため、持ち合い株式を信託拠出して含み益を特別利益に計上。このため、全体の特別利益の総額は約八兆七千億円と前の期から四兆円増えた。

収益力格差の広がる自動車では、三菱自動車工業とマツダが工場閉鎖など合理化に伴う損失を計上。鉄鋼業界でもNKKや神戸製鋼所が半導体や海外事業などのリストラ損を出した。

保有株式や貸出債権など金融商品の含み損処理が厳格になった影響も大きい。オリエントコーポレーションは、バブル期に拡大した不動産担保融資に対し貸倒引当金を計上した。

ゼネコンでは経営再建中の熊谷組や三井建設などが、取引金融機関からの債務免除益を原資にゴルフ場や不動産などの含み損処理を加速した。

主要企業の2001年3月期の特別損失（単独ベース）

	会社名	特別損失（億円）
1	富士通	5,824
2	熊谷組	5,771
3	三菱自動車工業	3,879
4	NEC	2,710
5	トヨタ自動車	2,551
6	三菱重工業	2,119
7	長谷工コーポレーション	2,029
8	オリエントコーポレーション	1,973
9	マツダ	1,891
10	三菱商事	1,824
11	三井建設	1,682
12	三井物産	1,656
13	清水建設	1,613
14	三菱電機	1,552
15	神戸製鋼所	1,546
16	NKK	1,487
17	セガ	1,463
18	新日本製鉄	1,414
19	ソニー	1,391
20	日本信販	1,381

日本経済新聞（2001年6月14日）

れていた損失の処理が進んだということですね。

加納　会社別に見るとどんな感じですか？

石井　富士通が五千八百億円、トヨタが二千六百億円、三菱重工が二千百億円です。
　こうした損失を穴埋めするために多額の特別利益を計上しています。有価証券を売却したり、保有株式を信託拠出して株式の含み益を特別利益に計上しています。その結果、特別利益の総額は約八兆七千億円になっています。

菅原　まさに特別の損失と特別の利益ですね。

石井　最後は、**当期利益**です。税引前利益から法人税などの税金の支払いに充てる金額を引いたものが、当期利益です。よく見ると儲けの半分近くが、税金になる勘定です。大変なものですね。会社が払うからいい、といってしまえばそれまでですが、もし、自分のおカネから払うとなれば、みんなもっと少なくしようと真剣になると思います。

横田　税金の話は、どこかでやってもらえますか？

石井　はい、税金の話は重要でおもしろいですので、どこかで時間をとります。えーと、あとは、要所要所で話すようにしましょう。
　さて、税金を払った残りの儲けが、当期利益です。ここに来るまでいくつかのステップを踏んできましたから、当期利益だけを見て、儲かったとか儲からなかったとか大騒ぎすることはないと思います。それぞれの利益の意味を考え、全体としてどうだったかを、冷静に判断したいと思います。

小山 要するに、損益計算書からビジネス・ストーリーを読み取れという意味は、次のようなことですな。すなわち、それぞれの利益の意味をよく理解し、ビジネス活動の結果がどこの利益欄に反映されているかを見抜き、会社全体の実力だけでなく、「イキザマ」をも読み取れ、ということね？

石井 なんか、えらく難しい言葉ですが、そういうことです。最後に締めていただいてありがとうございます。

4 給料はどこに入っているのですか？

松田 もっと現実的な質問をします。ビジネス活動の結果が、えーそのP／Lのどこかに入っているということですが、われわれの給料はどこに入っているのですか？

石井 みなさんの給料がどこに入っているか？ いやー、いい質問です。一番身近な自分の問題に置き直して考えるのが、一番よくわかりますからね。

まず、工場にいる方の給料は、売上原価に入っています。小山さんと菅原さんがそうです。それから、本社、支店、研究所の方は、販売費及び一般管理費に入っています。松田さん、清水さん等が、ここに入ります。給料などを含めて労務費といいますが、販売費及び一般管理費に占める労務費のウエートはかなり高いと思います。

小山　私の場合は、製造原価という言葉の方がおなじみなんですが、売上原価というのは、製造原価と同じなんですか？

石井　まあー同じと考えて下さい。製造された時のコストが製造原価で、モノが倉庫に入ります。売上げがたって、モノが倉庫から出ていった時に売上原価になるんだ、と理解して下さい。

横田　販売費及び一般管理費は、本社、支店、研究所の費用といっていましたが、九百二十億円と結構大きな金額ですね。具体的にいうとどんな費用が入っているのですか？

石井　販売費の中は、先ほどの給料等の労務費、交通費、物流費、広告宣伝費、販売促進費、交際費等が入っています。一般管理費には、労務費、委託研究費、修繕費、ビルの賃借料等が入っています。

最近、「小さい本社」ということが、叫ばれています。大きくなりすぎた本社をもっと身軽にして、官僚的でないスリムな本社にしようというのが本当のねらいだと思います。これを、経理的にみれば大きくなった一般管理費を削って、もっと効果的なものに使っていこうということだろうと思っています。

加納　本社の偉い方の給料もこの販売費及び一般管理費の中に入っているんですか？

石井　はい、入っています。正確には役員報酬といわれる部分、これは月給みたいなものですが、これはここに入ります。さらに役員賞与というボーナスみたいなものは別で、これは、利益処分になります。利益処分に関しては「儲けの配り先」でお話いたします。

横田　よく物流の合理化ということで、輸送方法の改善や倉庫の在庫量の削減を行っていますが、その効果はこの欄に表れるのですね？

石井　販売費の中に運輸費が入っていますので、販売物流の合理化効果はここに表れます。一方、工場での物流合理化の効果は、売上品原価に表れます。このように、みなさんの活動の結果はなんらかの形で、損益計算書の中に反映されるということがわかると思います。

菅原　さっき交際費のことにふれていましたが、交際費には税金がかかるんだと聞きました。どういう意味かちょっと教えて下さい。

石井　はい、わかりました。結論からいいますと、資本金が五千万円超の会社は交際費は税金を計算する時には、費用とはならず、損に落とせないのです。したがって、一万円の交際費を使っても損にならないので、一万円の利益と同じように扱われて税金がかかってくるという意味です。ちょっとわかりにくいでしょうね？　あとで、ゆっくり話しましょう。交際費に税金をかけるのは、過大な交際費支出を抑えようとすることがねらいです。

5　一日千九百万円のコスト

石井　ウチが銀行に支払っている支払利息が、どのくらいかおわかりでしょうか？横田さん、どうでしょうか？

横田　さーて、三十億円ぐらいですか？　銀行からいくら借りているかも知りませんので、あてずっぽうです。ごめんなさい。

石井　損益計算書の営業外費用のところを見て下さい。支払利息・割引料という欄がありますね。金額を見ますと、七十億円とのっています。これです。支払利息は年間七十億円ですので、一日千九百万円になりますね。

営業外費用	150
支払利息・割引料	70
その他費用	80
経 常 利 益	468

松田　一日千九百万円ということは、二十四時間、寝ている時間も含めて千九百万円コストが発生しているというわけね。やっぱし大きいですね。

石井　そうですね。借入金の合計が、二千九百億円近くありますのでこのくらいの金利を払うことになります。昔はもっと借入金も大きく、利率も高かったので、今の二倍くらいの金利を払っていました。

菅原　営業外収益の項目に受取利息という欄がありますが、これは何ですか？　会社の預金の利息ですか？

石井　はい、いいところに気がつきましたね。この受取利息は、会社がもっている預金等の受取利息です。約三億円ありますね。預金とか有価証券の保有高がありますので、それに見合う受取利息です。

そこで、質問ですが、先ほども出ました「金融収支」という言葉を聞いたことがありますか？　菅原さん、いかがでしょうか？

菅原　たしか、トヨタなんかはトヨタ銀行と呼ばれるくらいおカネがあり、金融収支が黒字であるということを聞いたことがあります。

石井　そうですね。トヨタの例はいい例です。もう少し正確にいうと次のようになります。金融収支とは、受取利息と受取配当金を加えたものから支払利息及び割引料を引いたものをいいます。ふつうは、支払利息のほうがずっと大きいので、金融収支はマイナス、赤字になります。しかし、反対に受取利息のほうが大きく、金融収支がプラス、黒字の会社があるんです。

松田　ウチの場合は、受取利息と受取配当金の合計額が支払利子より大きいので、金融収支はプラスですね。

石井　そうですね。昔に比べて金利が極端に低いことと借入金がずいぶん減りましたので、楽になっています。これも皆さんのおかげです。それ以上に受取配当金が増えていますからね。

小山　配当金が多いというのは、子会社からの配当収入が多いということですよね？

石井　はい。各社とも頑張って稼いでいただき、その稼ぎの一部が配当金という形で本体に入ってきているわけです。最近、グループ経営ということが叫ばれていますが、その成果がここに表れているといって良いと思います。

加納　一方、再建途上にある会社は金利負担がめちゃくちゃ多いといわれていますが……。

石井　ここにダイエーの金融収支の数字があります。支払利息と社債利息、それにコマーシャルペーパー利息が合計で年間百八十億円。これに対し受取利息と受取配当金の合計が七十六億円。差し引き百四億円のマイナスです。

横田 たしかに大変ですね。それだけ借入金が多いわけですから、借入金を減らすために店舗を売ったり、有価証券を売ったりして資金を生み出し返済に充てているのですね。

清水 ダイエー再建の動きがよくわかりますね。

6 会社の素顔がわかります

石井 以上のご説明でひとコマ目の損益計算書を終えたいと思いますので、最後のまとめに入ります。

損益計算書は、会社がどのくらい儲かったかを数字でまとめたものです。言い換えれば、会社の成績表であり、会社の顔なのですね。人間だれでも成績は良く見せたいし、お化粧をしていい顔に見えるようにしたい、という願いや欲望を持っています。

それと同じように、会社の場合も、お化粧をしたり、きれいに着飾ったりして美人に見えるようにしているのです。みんなそうなのです。そこで逆説的ですが、これから経営トップになる皆さんは、そうしたお化粧に惑わされないで、会社の素顔を見抜く力を持つことが大事であると思います。

そのためには、各段階別に儲けの元を探って、儲けの中身を吟味する「包丁さばき」が必要なのです。そうすることによってはじめて本当の実力、本当の素顔がわかるのです。こう考えましたので、この「包丁さばき」がうまくいくようなカンドコロをお話したわけです。

さらに、社長になるような人は、一つひとつの会社の経営活動が損益計算書の「どこに表れ」「どのように表現されるのか」をイメージできないといけないと思います。自らの行動がどういう結果となって表現されていくのかを知っておく必要があります。その意味で、P／Lの主要項目について、具体的にご説明いたしました。

それでは、十分間休憩します。

2

ウチのフトコロ具合を探る

――貸借対照表を学ぶ

1　B／Sは会社の断層写真です

石井　それでは、これから貸借対照表の説明に入ります。えー、清水さん、B／Sという言葉を聞くと何をイメージしますか？

清水　BSといえば、ブリヂストンタイヤのBSとか、衛星テレビのBS1、BS2というところですね。

石井　ありがとうございました。私のいうB／Sは、バランスシートのB／Sでして、貸借対照表のことをいいます。B／Sという言葉も経理職人用語ですね。

これからお話する貸借対照表は、一口でいえば、会社の断層写真のことです。営業開始から現在までの経営活動の集積結果を写し出したもので、会社の骨格、筋肉、心臓、脂肪の付き具合などの身体構造や血液の回り具合などがよくわかる断層写真といえます。

これを経理的にいうと、会社がお金をどのように工面し、どのように使っているのかがよくわかる表で、会社の財政状態がよくわかる表であるということになります。会社のフトコロ具合がわかるという意味は、こういうことです。

ちょっと抽象的で、わかりにくいと思いますが、だんだんわかってくると思います。

お手元の資料番号4番のB／Sを見て下さい。一番上の右隅に、平成十三年三月三十一日現在と書いてありますね。この意味は、このB／Sは、この会社のこの日現在の財政状態を表しています、ということです。B／Sがこの時点のストックの状態を描いていることを物語っています。

一方、先ほどの損益計算書、そう、P／Lを見て下さい。一番上に「自平成十二年四月一日　至平成十三年三月三十一日」と書いてありますね。これは、このP／Lがこの会社の一年間の損益を表しているということをいっているわけです。若干キザにいえば、P／Lは一定期間の損益状況を表すフローの会計データであり、B／Sは一時点の財政状態を表すストックの会計データであるといえます。

加納　これから、会社のフトコロ具合を探る方法を教えてもらえるとして、先回りしてお聞きしますが、いったいB／SとP／Lはどっちが重要なデータなんでしょうか？

石井　グッド・クエスチョン・トゥ・アンサーであると同時に、ディフィカルト・クエスチョン・トゥ・アンサーですね。B／S、P／Lともに大事が答えです。やっぱ

資料 4

貸借対照表

平成13年 3 月31日現在

（単位：億円）

資産の部		負債の部	
流動資産	3,399	流動負債	3,014
現金・預金	59	支払手形・買掛金	1,281
受取手形・売掛金	1,980	短期借入金	598
棚卸資産	1,016	その他	1,135
前払費用	3	固定負債	3,148
その他	383	社債	2,164
貸倒引当金	△42	長期借入金	119
固定資産	2,003	その他	865
有形固定資産	1,987	負債合計	6,162
機械装置	1,010	資本の部	
その他償却資産	375	資本金	897
土地	513	法定準備金	420
建設仮勘定	89	剰余金	849
無形固定資産	16	任意積立金	517
ソフトウェア	11	当期未処分利益	332
その他	5	（うち当期利益）	(276)
投資等	3,812	評価差額金	889
投資有価証券・子会社株式	3.650	資本合計	3,055
その他	175		
貸倒引当金	△13		
資産合計	9,217	負債・資本合計	9,217

り両方とも大事で、いわば車の両輪です。P／LとB／Sをマスターすれば経営の動きがよくわかるようになることは、間違いありません。

ただ、私は昔、大先輩から次のようなことを教えられました。P／Lはごまかせるが、B／Sはごまかせない、と。このことの意味は、B／Sのほうが大事ということなんだろうと思っています。特に会社を経営する立場から見ると、P／LよりB／Sをちゃんと見るべきであると思います。


石井　貸借対照表の説明も重要なところをピックアップしてザックリとしたお話でいく予定です。B／Sの構造を理解するために、P／Lの時のように赤エンピツで囲っていくつかの箱に分けたいと思います。

B／Sを取り出して下さい。いいですか？　まず、左側を見て下さい。「資産の部」という欄があり、一番下が「資産合計」とあります。その箱を赤く囲って下さい。次に右側の欄を見て下さい。「負債の部」から「負債合計」までを囲って下さい。さらに、「資本の部」から「資本合計」までを囲って下さい。

左側にひとつ、右側に二つの箱ができました。これが貸借対照表の基本構造です。

さらに、一番下の金額を見て下さい。九千二百十七億円で同じですね。左側と右側の金額がぴったり合っています。左右がバランスしています。貸借対照表をバランスシートというのは、ここからきているのです。
それでは、まず左側の箱から勉強していきたいと思います。

2 これだけおカネをつぎ込みました

石井 小山さん、ウチの総資産はいくらでしょうか?

小山 え一九千二百十七億円です。この貸借対照表の一番下の資産合計の金額をいえばいいんだと思います。そのくらいは、私でもわかりますよ。

石井 そうですね、OKです。じゃーさらに質問ですが、その資産というのは、会社にとって一体何なんでしょうか?

小山 それこそディフィカルト・クエスチョンだね。資産だから、まあ会社の財産ていうか、会社がもっているカネ、モノとかの財産のことでしょう。

石井 たしかに難しいですよね。総資産というと、資産の合計であり、それだけ財産がある、資産がある、ということになるのですが、ちょっと違うかなという感じもします。もし、財産があるという意味を、おカネがあると考えていたらそれは違うんで

貸借対照表の箱

資産の部	負債の部
	資本の部

す。

　はっきりさせましょう。総資産は、会社がそのビジネスにどれだけのおカネをつぎ込んでいるかを示しています。会社は商売を維持、発展させるためにモノを買い、モノを作り、モノを売るなどの活動をしていますが、そのためにつぎ込んだあるいはつぎ込みつつあるおカネの総額が、そこに示されている、と考えて下さい。

　だからといって、それだけの現金があるという意味ではありません。ここは大事なところです。それだけのおカネをつぎ込んで商売に必要なモロモロのものを買ったり、作ったり、準備したりしているものの合計が、総資産であり、その内訳がB／Sの資産の部に書かれてあるんだ、ということです。

　その意味で、総資産は会社の規模、大きさを表しているといえます。しかし、もっと重要なことは、金額の大きさや規模だけでなく、おカネを、どのようなねらいで、どこにつぎ込んでいるか、を見ていくことです。

　松田さん、恐縮ですが「資産の部」を上から適当な順番で読んでみて下さい。

松田　流動資産、現金預金、受取手形、売掛金、棚卸資産、固定資産、機械装置、投資等、投資有価証券等……

石井　はい、ありがとうございました。いま読んでいただいた項目が、おカネの注ぎ先の具体的な例です。それぞれ横に金額が書いてありますが、それが注いでいる金額の大きさです。ウチはメーカーですのでこんな感じですが、商売の違いによってこの中身が大きく違ってきます。

たとえば、電力会社なんかは、建物、機械等の固定資産が圧倒的に多いと思いますし、商社なんかは、売掛金とか子会社株式が大きいでしょう。コンピューターのソフトウェア会社なんぞはヒトしかいませんので、ここでいう資産は少ないと思います。

菅原　いま読み上げた項目がおカネの注ぎ先であるということは、わかりやすくいえば工場の設備や研究所の設備にこれだけカネをかけたということがわかるという意味ですね？

石井　そうです。おカネをつぎ込んで工場を作ったわけですから、おカネが姿を変えて工場になったんですね。これは当たり前のことなんですが、ほんとうに大事なことなんです。

工場はほんとうにおカネの固まりなんですよ。これが、実感として理解できれば、もう言うことはないっていう感じですね。

さっき松田さんに読んでいただいた項目を、経理職人用語で「**勘定科目**」といいますが、B／Sの上にはおカネが勘定科目の看板をつけて並んでいると考えて下さい。

今までの議論をカッコよくまとめると次のようになります。貸借対照表の左側は、会社がどれだけのおカネを商売につぎ込んでいるかを表しています。総資産はその合計であり、その内容は資産の各項目から読み取れます。したがって、バランスシートの左側は、会社の資金の使途及び運用状況を写し出しているのです。

小山 よくB／Sの左側を借方（かりかた）、右側を貸方（かしかた）というようですが、何か意味があるんでしょうか？ 石井さんは、さきほどから右側、左側とおっしゃっていますが……。

左側はおカネの使い途

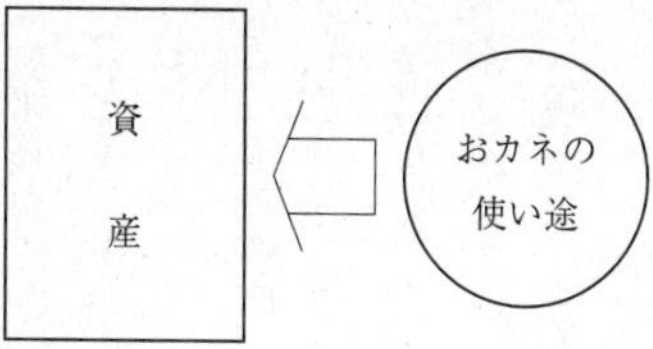

石井 たしかに借方、貸方という呼び方がありますが、一種の符丁みたいなものです。したがって、私は無視して、右側、左側でいきます。そのほうが、間違えないしわかりやすいですよ。

木村 「資産の部」に流動資産、固定資産という区分がありますが、この意味を教えて下さい。それとよく経理や経済の言葉で「**流動性**」とかなんとか流動という表現をよく聞きますので、ついでにその意味もお願いします。

石井 はい。あの……流動ということなんですが、なんか流れるとか柔らかくなるとかのイメージが湧くと思いますが、それと同じで、現金、現ナマのことや、それにより近づくような状態を言う時に、流動とか流動性という表現を使います。

そこで流動資産、固定資産ですが、バランスシートはおカネになるのが早い順番から並んでいるんです。そして、おカネになるスピードが速いもの、これが流動資産、おカネになるのにものすごく時間がかかるもの、これが固定資産と考えて下さい。

清水さん、すいませんが、流動資産の中を読み上げて下さい。

清水　現金及び預金、受取手形、売掛金、棚卸資産、それから貸倒引当金……

石井　はい、結構です。現金に近いものから順番に並んでいますね。現金に転化するスピードが速いものが流動資産に入っています。一方、もうひとつの固定資産は、固定という言葉があるように、工場の設備とか土地とか長期間おカネが寝てしまうものですから、よくわかると思います。

経理的には、**一年基準**とか**正常営業循環基準**とかいうルールがありますが、ここでは以上のように理解しましょう。

菅原　先ほどの説明で、資産はそれに投じたおカネが姿を変えたものだ、ということでした。ということは、一億円で買った土地は一億円という評価でB／Sにのっているということなんですね？

石井 そうです。この場合、土地の取得価格は一億円といいますが、B／Sにはその一億円で表示されます。取得価格で表示するのが原則になっていす。このことは、次のような非常に重要な議論につながっていきます。

その前に、小山さんにお聞きします。工場の機械はいくらでB／Sにのっていますか？　さらに、いまその機械を売ったらいくらで売れるでしょうか？

小山 機械は千十億円でのっています。ウチの機械は古いし、有機的に連結している特殊なものですから、どうでしょう、売れないんじゃないです

1年基準と正常営業循環基準

流動資産と固定資産とを区分するための基準に，「1年基準」と「正常営業循環基準」があります。

1年基準は，貸借対照表の作成日の翌日から起算して1年以内に回収される資産を流動資産，また1年以内に支払期限が到来する負債を流動負債とする基準です。

正常営業循環基準は，会社の本来の営業プロセスである現金→棚卸資産→売上債権→現金というサイクルの中にある資産や負債は，それぞれ流動資産と流動負債とする基準です。

経理実務上は，正常営業循環基準を主とし，これを補足するために1年基準が採用されています。

か？

石井　まあー、スクラップ程度の価値でしょう。資産は取得価格がベースになって計上されます。したがって、バランスシート上の価値は、いま売ったらいくらで売れるかという価値、換金価値で評価されているわけではないのです。これを、「**取得原価主義**」といいますが、いわゆる時価主義ではないんです。

菅原　そこで、資産の含み損とか含み益という問題が出てくるのですね？　時価じゃないから。当然そういうことが起こるんですよね？　あーそういうことか。

石井　そういうことです。つまり、資産はおカネが姿を変えたものでおカネの固まりですが、現在それだけの現金価値、換金価値があるということではありません。あくまでも、投下した金額がいくらであるかを表示しているだけなのです。

横田　しかし、最近になって**時価主義**とか**時価会計**という言葉を耳にしますが……どういうことでしょうか？

石井　大変良いご質問です。金融商品の時価会計導入が決まりまして、特定のものについては時価で評価することになりました。

小山　もう少しわかりやすく説明して下さい。

石井　はい。正確にいいますと、時価会計とは資産や負債のうち、その種類や目的に照らして時価で評価すべきものは時価で評価しようとするものです。特に金融商品の一部については期末の時価に基づいて評価しようとするものです。

加納 金融商品の一部といいますと？

石井 有価証券のうち将来売る予定のあるものです。売買目的で保有する有価証券というもので、キャピタルゲインを得るために保有する資産も含めます。

清水 逆にいうと、将来売る予定のない有価証券は時価評価の対象にならないということですね？ 将来売る予定のない有価証券ってどんなものですか？

石井 これもグッド・クエスチョンですね。会社は子会社を支配するために株式を持っています。子会社株式といいますが、これは当面売ろうとは考えていませんよね？ こういう子会社株式みたいなものは売るつもりがないのだから、時価評価の対象にはしません。

金融商品の時価会計の問題はかなり重要と思いますので、最後のところでゆっくり説明したいと思います。

木村 時価会計の動きは日本の企業に大きな影響を与えていますよね？

石井 それは大きいものがあります。

資料番号5は金融商品の時価会計導入に関連してゴルフ会員権の含み損が大きく表

資料5

ゴルフ会員権

含み損処理額1394億円

東証1部391社 前期連結

時価会計で表面化

上場企業が保有するゴルフ会員権の損失処理が二〇〇一年三月期決算で表面化した。東証一部上場で会員権の含み損処理を連結決算で明記したのは三百九十一社（銀行、証券、保険を除く）、処理額は千三百九十四億円に上った。処理額は前の期の三・五倍。金融商品への時価会計の導入で、バブル崩壊後に急落したゴルフ会員権の含み損処理が前三月期に義務づけられ、対象となる企業が一気に計上したため。

新光証券のシンクタンク、新光総合研究所が集計した三百九十一社の処理総額は連結経常利益の合計額の四%に達した。大半は評価損の計上で、ほかに売却損や預託金に対する貸倒引当金を計上した企業もある。会員権の損失をほかの損失と分離せずに計上した企業も多く、全体の処理額は新光総研の集計を大きく上回ったとみられる。

個別企業の処理額では熊谷組の八十三億円、清水建設が六十六億円、伊藤忠商事が六十五億円、三菱商事が六十三億円など、ゼネコン（総合建設会社）や商社が目立った。

ゴルフ会員権は前期から有価証券と同様に、実勢価格が帳簿価格から五〇%以上下落し、回復の可能性がない場合は差額を損失計上することが義務づけられた。日本経済新聞が集計しているゴルフ会員権相場の全国指数は一九九〇年三月をピークに今年三月までに九一%下落した。企業が持つ会員権の価格は簿価を大きく下回っており、巨額の評価損につながった。

損失を計上したことで、「企業は売却に踏み切りやすくなった」（会員権仲介会社）。熊谷組は会員権の大半を四年計画で売却する方針を決めており、会員権相場は長期的に下落する可能性もある。

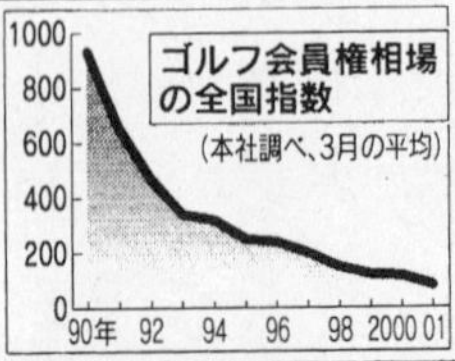

2001年3月期にゴルフ会員権の損失処理を実施した主な企業

熊谷組	83億円
清水建設	66億円
伊藤忠商事	65億円
三菱商事	63億円
川崎製鉄	46億円
三井物産	35億円
佐藤工業	35億円
兼松	31億円
住友商事	28億円
大林組	25億円

日本経済新聞（2001年7月3日）

面化したことを報じています。バブル崩壊後大きく落ち込んだゴルフ会員権の含み損処理が義務づけられた結果です。

いままでB／Sの左側の話をしてきました。バランスシートの左側は、会社がどれだけおカネをつぎ込んだかというおカネの使途と運用状況を表しているという意味がおわかりになりましたでしょうか？

それじゃー、そのおカネは一体どこから来たのか？　ウチにカネのなる木があるのか？　これからおカネの工面の話に移りましょう。題して「工場は借金でできている」です。

3　工場は借金でできている

石井　小山さん、ウチの借金はいくらぐらいありましたっけ？

小山　おぼえてませんが、千五百億円くらいですか。

石井　B／Sの右側を見て下さい。短期借入金五百九十八億円それに長期借入金が百十九億円ありますので、合計七百十七億円。これらは、銀行からの借金です。これ以外に、社債というのが二千百六十四億円あります。これは債券を発行してお金を集めたもので、返済しなければならないので借金の一種です。したがって、借金は三種類あって合計二千八百八十一億円となります。

小山　こんなにたくさん借りているとは知りませんでしたね。P／Lのところでやった支払利息は、この借金の利息なんですね。

石井　そういうことになります。

借金というと、私はある友人の話を思い出します。十年くらい前にその友人が家を建てました。もちろんかなりのローンを組んだはずです。家ができ上がった時に銀行員が来てこう言ったそうです。「この家は私どもの資産ですので、火災保険を付けていただきます」。彼は一瞬、「この家は私のものだ、銀行のものではない、その言いかたは何だ」と憤慨したそうです。しかし、冷静に考えると銀行員の言うことは正しいと思った、というのです。彼が言うには、「この家は借金が姿を変えただけであり、本当の所有者は銀行なのだ、だから銀行が火災保険を付けろというのは当然なんだ」と。

この友人の話は本質をついていると思います。会社の場合も同じです。新たに工場を建てるとき銀行から融資を受けます。融資というと響きがいいが要するに借金です。借金がもとになって工場ができるわけですから、工場は借金が姿を変えたものなのです。工場ができ上がると、経理処理がなされて最終的にB／Sの左側に「建物、機械」、B／Sの右側に「借入金」と記入されるのです。工場が完成したが、それは借入金でまかなわれた、という意味です。

そこで思い出して下さい。B／Sの左側は資産でおカネの使途を表すんだといいましたね。この場合ですと、工場を建てるためにおカネを使ったということです。それでは右側は一体何をいおうとしているのでしょうか？

右側に「借入金」が入っています。この右側は何を表しているのでしょうか？　木村さん、どうでしょう？

木村　えーと、借入金だから「借りた」という事実？　ちょっと違うかな。そうか、使ったお金の出所でしょう？

石井　そう、ぴったりですね。借りたということですから、おカネの出所です。おカネを工面した方法とか調達した方法を表しているといえるでしょう。

要するにおカネの調達源泉が表されているのです。「左側はおカネの使途、運用状況」「右側はおカネの調達源泉」ということになります。ここは、非常に重要なポイントです。

清水　「工場は借金でできている」というタイトルは、二つのことをいっているんですね。つまり、工場は借金が姿を変えたものであるということがひとつ。さらに、工場はおカネの使い途のひとつで資産。だからB/Sの左側にのる。そのおカネの出所は借金で借入金。だからB/Sの右側にのる。これがふたつ目。こう理解していいでしょうか？

石井　はい、大変けっこうです。しつっこいようですが、左側は資金使途、右側は資金源泉。お題目のように覚えて下さい。これがわかれば、貸借対照表は半分卒業です。

松田　B/Sの右側にはいろいろな項目がありますが、みんなおカネの出所が書いてあるんですか？　ほんとですか？　はじめて聞いたなー。

右側はおカネの調達源泉

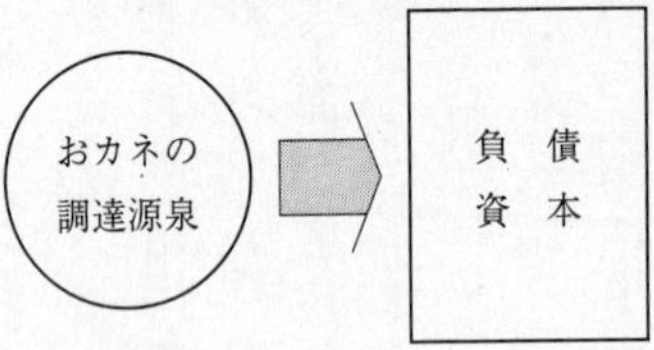

石井　ほんとです。正確にはすべてではありませんが、ほとんどがおカネの出所です。B/Sの右側を見て下さい。下の方に資本金というのがあります。これは、株主からの出資金ですから、株主が払い込んだおカネです。おカネの出所ですね。短期借入金、長期借入金は今ご説明した通りです。それから、上の方に買掛金がありますね。これは、モノを買ったけれどもまだおカネは払っていないというものです。要するにツケで買ったというわけです。仕入先の信用で買ったという意味で、やはりおカ

ネの出所を表しています。全体として右側は資金の出所、源泉を表しているのですね。

資本金や買掛金の話は、別に時間をとってゆっくりやる予定です。

松田　最初に赤エンピツで左側にひとつの箱、右側に二つの箱を書きましたが、左の箱がおカネの使い途、右の箱がおカネの出所ということですな。

石井　そうです。さらに大事なことがあります。赤エンピツで囲った時に、左の金額と右の金額が同じで、左右がバランスしているからバランスシートというんだ、といいました。その理由は、左がおカネの使い途、右がその出所だからなのです。右側のおカネが左側に移ったから、左右がバランスしているのです。

小山　そういうふうに見ると実によくわかりますね。

石井　だから貸借対照表を分析すると、いろいろなことがわかるのです。おカネの出所と使い途がひとつの表にまとまっていますので、レントゲン写真を見るように、会社の中がよく見えます。こういう問題を扱うのが、経営分析という分野です。明日の「ウチの強みと弱みを知る」でちゃんと勉強します。

右側と左側はバランスする

おカネの 使途 運用形態	おカネの 調達源泉

資産はおカネが姿を変えたもの

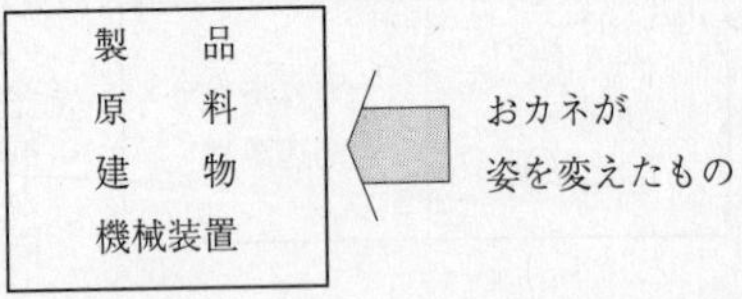

もうひとつ大事なことがあります。右側のおカネが左側の資産になっているわけですから、左側はおカネが姿を変えたものです。左側の製品、原料、機械、建物等すべてそうです。倉庫の中に製品が保管されていますが、それはモノがそこに寝ているのでなく、おカネがそこに寝ていると考えて下さい。これは非常に大事なことです。社長にでもなろうとする人はこういう見方をしないといけません。絶対必要なことです。

さらにおカネがじっと寝ているわけですから、当然金利というコストが発生しています。これも、忘れてはいけません。ウチの金利が七十億円というのは、以上のようなことの結果であり、ウチのおカネの使い方のうまい下手がここに表れているといえましょう。

借入金のところでずいぶん時間を取りましたので、そろそろ次のテーマに移りましょう。次は資本金についてです。

4 ウチの資本金を知っていますか？

石井　ウチの資本金がいくらか知っていますか？

加納　えーと、たしか八百九十七億円でしょう。

石井　はい、ＯＫです。では、資本金というのは何でしょうか？

加納　株主が払い込んだおカネのことです。さっき習ったように会社の資金の源泉になるので、Ｂ／Ｓの右側にあります。

石井　そうですね。そこで、加納さん、資本の部という欄の項目を読んでいただけますか？

加納　資本金、法定準備金、剰余金です。

石井　ありがとうございました。資本の部の中身についてご説明します。法定準備金の中は資本準備金と利益準備金に分かれます。資本金と資本準備金は、いずれも株主からの拠出金です。利益準備金というのは、利益配当金額と役員賞与の合計額、これを**社外流出額**といいますが、これの十分の一以上を資本金の四分の一に達するまで積み立てたもので、利益の蓄積額の一部です。

資　本　の　部

資本の部 ─┬─ 資　本　金
　　　　　├─ 法定準備金
　　　　　└─ 剰　余　金

剰余金は、会社設立から現在に至るまでの利益の蓄積額です。これは、**内部留保**といわれるものでして、みなさんよく耳にすることと思います。この剰余金と利益準備金の合計が、利益の蓄積額の合計になります。この利益の蓄積額は、まさに自分で稼いだお金であり、資金の源泉になるのです。

清水　自己資本とか株主資本とかいう用語もよく新聞等で読みますが、いまの資本の部と同じものでしょうか？

石井　はい、同じものです。資本の部は、会社の側から見ると自前の資金源泉ですから「**自己資本**」といい、株主の側から見ると株主の持ち分になりますから「**株主資本**」というのです。

菅原　自己資本比率という言葉もよく聞きます。大変重要な比率であると聞いたことがありますが……

石井　最近は会社は株主のものという考えが強くいわれるようになり、自己資本ではなく株主資本といわれることが多くなりました。その結果、自己資本比率は株主資本比率といわれるようになりました。

この**自己資本比率**というか**株主資本比率**は、左側の総資産に占める右側の自己資本の割合をいいます。自己資本はこれまでの説明からおわかりのように、一番確実で安定した資金源泉です。ですから株主資本比率が高いということは、それだけ確実で安定した資金が多く調達され、会社経営に使われていることを示しています。財務体質が強固であるといえるのです。

菅原 株主資本比率を高くするにはどうしたらいいんでしょうかね?

石井 うーん、難しい質問ですね。一口にいえませんが、まあー株主が喜んで資金を出すような高い成長性と収益力を実現することでしょう。これこそ、これから社長になるみなさんの仕事ですね。社長の仕事。本当にそう思います。

では先を急ぎます。次は会社のツケとカケの話に入ります。

5 会社にもツケとカケがあります

石井 私の中学時代の友人が東京の湯島天神下でスナックのママをやっています。

清水 何という名前の店ですか?

石井 「マルル」という店です。近くに行ったら寄ってみて下さい。ときどき飲みに行きますが、後で必ず請求書が送られてきます。請求書をもらう度に、「女の顔は請求書、男の顔は領収書」といった大宅壮一氏を思い出します。彼女は、カケ帳なるものを持っていてキチンと請求書を送ってくるわけです。彼女にとってはカケ、私にとってはツケですね。お互い信頼関係にもとづいて、ツケとカケの取引をしているわけです。

これと同じことが会社でも起きています。バランスシートにそれがちゃーんとのっています。小山さん、どこにのっているかわかりますか？

小山　はいわかります。会社のツケは、支払手形と買掛金？　それからカケが、受取手形と売掛金でしょう？

石井　そうですね。こっちが買う場合、よく検収翌月末起算三か月手形で支払うといいますが、この場合は次のような支払い方になります。まず購入してモノが入った時に買掛金となり、その翌月末に支払手形を発行して三か月後に現金で払うのです。B／Sにはその時の残高がのることになります。ツケの合計がのるわけです。

会社のツケとカケ

ツケ	⟶	支払手形，買掛金，未払金等
カケ	⟶	受取手形，売掛金，未収入金等

松田　売りの場合も同じですね。最初は売掛金になり、次に受取手形になり、四―五か月先になってやっと現金が入ってくるんですね。営業の若いのによく言ってますが、モノが出た時に売りにたつが、現金をいただくのはずーっとあとだ。現金が入ってはじめて商売が完了したことになるんだ、とね。石井さんにいわれる前に言っちゃいましたよ。

石井　それは、ほんとに大事なことですよ。売上げはずい分増えたが代金が回収されていないなんてことはよくありますし、そのうち相手が倒産して貸倒れになり、結局はぜんぶ損ということもあります。

カケの管理のことを「**与信管理**」といいますが、カケの回収管理は一番大事です。先ほどの友人のママも、これだけはキチンとやっていますよ。

菅原　受取手形、売掛金という順番でB／Sにのっていますが、これは特に意味がありますか？

石井　あります。前に説明した流動性に関係してまして、現金との関係が強いものの順番に並んでいます。カケは早く現金になる順で受取手形、売掛金、ツケは早く現金で払う順番に支払手形、買掛金となっています。

流動資産、流動負債という箱の中の項目は、みんなこの考えに沿って並んでいます。

カケとかツケの話は、運転資金の話につながりますので、これから運転資金について説明したいと思います。松田さん、運転資金とは一口でいうと何でしょうか？

松田　突然いわれても……難しいね。えー、こういうことかな。**運転資金**とは毎日の営業活動に必要なおカネのことでして、原料を仕入れ、給料を払って製品を作り、ユーザーに売って最後に手形が落ちて現金として回収されるまでの間に必要な資金、ですね。

石井 大体いいですね。商売を始める時を考えていただくとわかりやすいと思います。商品を仕入れ、店に並べます。店員さんを雇って販売します。すぐには売れません。売れてもすぐにはおカネが入ってきません。一方、商品の支払い、給料の支払いをしなければなりません。おカネが入ってくるまでの間、おカネが必要です。このおカネが出ていくのと入ってくるのとのタイミングの差、金額の差を埋めるために必要な資金、これが「運転資金」です。

これをバランスシートの上で見てみましょう。左側の流動資産の中は、現金預金、受取手形、売掛金、棚卸資産等々です。これらはおカネが寝ている状態を意味しています。一方、流動負債の支払手形、買掛金等は今すぐ払わないでいい金額です（借入金を除きます）。この差の金額が運転資金になるのです。おカネになるのを「待っている」ものから、おカネで払うのを「待たせる」ものとの差額になります。

ちょっとわかりにくいかもしれませんが、よーく考えてみて下さい。

このおカネが入ってくるのと、逆に出ていくものとの金額の差やタイミングの差をいかにうまくコントロールしていくか、これが「**資金繰り**」といわれるものでして、会社経営にとって極めて重要な仕事です。この話は、「勘定合って銭足らず」のところでします。

6　使ったおカネも財産になる

石井　これから、今までとガラリと異なるお話をいたします。経理処理の考え方をマスターするのに最適なテーマと思います。資料番号4番のバランスシートの資産の部を見て下さい。固定資産の次に無形固定資産という項目がありますね。その中にソフトウェアがあります。金額は十一億円です。このソフトウェアが左側の資産の部にのっているのですが、どういう意味なのかおわかりでしょうか？　以前、コンピューター部門にいた加納さんいかがですか？

加納　ソフトウェアというのはコンピューターに関連するあのソフトだと思うのですが、ソフトは形がありませんので無形固定資産というのだろうと思います。しかし、ソフトがなぜ資産の部にのっているのか……よくわかりません。

石井　それはこういうことです。自社で利用するためにソフトを制作し新しいシステムを導入したとします。この新しいソフトに基づいたシステムが従来に比べて会社の費用を大幅に削減したり、将来の収益を増やすことが確実にわかっている場合には、このソフトウェアの取得に要した費用を無形固定資産に計上するのです。

加納　どうしてそういうことをするのですか？

石井　こういうことです。新しいソフトウェアの成果が将来にわたって売上げを増やしたり、コストを大幅に削減することによって将来の儲けを生み出すことが確実だからです。

こういう場合は、いますぐに全額費用にしないで、将来にわたって少しずつ負担させてもよいのではないかと考えるのです。将来の収益、将来の稼ぎと対応させて、費用を負担させようとするわけです。これを、「**収益費用対応の原則**」といいます。

小山　収益費用対応の原則？

石井　はい、収益に見合う費用をその収益に対応させていこうとする考えです。全額費用に落とさないで、まず資産に計上して毎年少しずつ費用に落としていきます。ですからこの資産は、将来の収益に対応させるための支出の固まりで、費用の期間割当額の残存物なのです。要するに、計算上の資産、会計上の資産にすぎないのです。言い換えれば、無形固定資産は将来の費用の固まりで、将来の稼ぎで少しずつ負担させようとしているのです。

清水　先ほどのソフトウェアの会計処理ですが、将来儲けを生み出すことがはっきりしているので、一度に費用にしないで資産に計上して毎年少しずつ費用化するということでしたね？

石井　そうです。

清水　ということは、ソフトの購入のためにおカネは支払ってしまったが、その費用化はまだ終わっていないということですよね？　おカネは出ていったけれども費用はまだ発生していないということになるのですか？

石井　はい、そうです。いいところに気がつきましたね。非常に大事なところです。なぜそうするのか、それは現在の会計処理が「**現金主義**」ではなく「**発生主義**」という考え方に基づいているからです。

小山　「現金主義」と「発生主義」ですか。

石井　現金主義というのは実際に現金の支払いがあった時に費用が発生したと考えます。この場合は、ソフトウェア代を支払った時に全額費用が発生したと考えます。

収益費用対応の原則

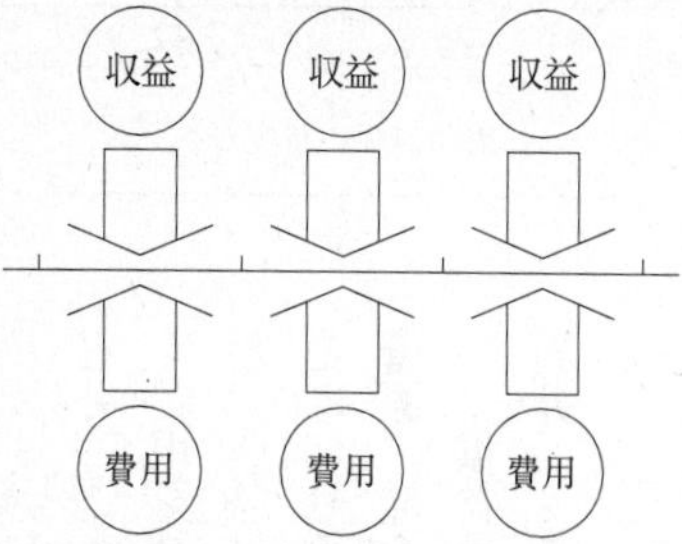

現金主義と発生主義

現金主義	—	現金の支払いがベース
発生主義	—	費用発生の事実がベース

小山　発生主義の考え方でいくとどうなるのですか？

石井　これに対して発生主義は、現実のおカネの支払いとは関係なく費用を計上しようという考え方です。ソフトの処理に関して見ると、収益に対応して費用は発生すると考えるのです。おカネの動きとは切り離して費用を考えているわけです。

菅原　発生主義は、さっき話のあった収益費用対応の原則とつながって損益計算を適正なものにしているということなのですね？

石井　そうです。この点は重要ですので、よく覚えておいて下さい。

加納　先ほどのソフト代の資産計上の話に関連しますが、たしか試験研究費も資産計上が認められていたと思いますが……。

石井　はい、以前は試験研究費は資産計上が認められていました。もう少し正確にいいますと、資産に計上しても良いし、しなくても良いということでした。

加納　会社の任意だったのですか？

石井　そうです。会社によって処理がバラバラでしたので、それを統一し、試験研究費は発生した時に費用として処理し資産には計上しないことになりました。

木村 その理由はなぜですか？

石井 試験研究費はその費用が発生した時には、将来の収益を獲得できるかどうか不明です。研究が進んで将来の収益獲得の期待が高まってきたとしても、依然として確実なものとはいえません。こういう性格のものですので、試験研究費は資産として計上することは適当でないと判断されたのです。

清水 こういう考え方を保守主義とか健全な考え方というのでしょうか？

石井 そうです。

小山 健全性とか保守的とかいう表現が出ていますが、かみ砕いていうとどういうことですか？

石井 経理の人間はよく**保守主義の原則**という用語を使います。その意味することを申しますと……「予想の利益は計上すべからず、予想の費用は早目に取り入れるべし」ということです。会社にとって不利な影響があると考えられる場合は、それに備えて、できるだけ健全で適切な処理をしていこうとする考えです。これを保守主義といいます。

清水 難しいところですね。あんまり費用で落とすと利益がなくなることもあるんでしょう？　そういう制約条件があるから、なかなか石井さんのいうような完全な保守主義はとれないでしょうね。

石井　しかし、会社経営を責任をもってやっていく場合には忘れてはいけない考えだと思います。みなさんも、いずれどっちを選択しようかという場面になった時、利益を大きくしたいという誘惑に打ち勝って、保守主義の考えを採用するようにして下さい。「予想の利益は計上すべからず、予想の費用は早目にとりいれるべし」。難しいですが、忘れないで下さい。

有価証券報告書

有価証券報告書というのは，証券取引法により有価証券（株式等）を発行している会社が，大蔵省に提出し，一般に公開することを義務づけられている年次報告書のことです。証券取引法は，証券の発行会社をコントロールし，企業情報開示制度（ディスクロージャー制度）を支えています。この有価証券報告書は，有価証券の流通市場における情報開示の柱です。俗にユーフォーとよばれています。上場会社については，この規定により毎事業年度終了後３ヵ月以内に大蔵省に提出することを義務づけられています。

有価証券報告書には，会社の概況，事業の概況，営業の状況，設備の状況，経理の状況，株式事務の概要等会社に関する情報がいっぱいつまっています。

7　B／Sは会社経営の必須用具です

石井　それでは「ウチのフトコロ具合を探る」のまとめに入ります。

最初に、貸借対照表は会社の「断層写真」であり、会社の財政状態を描き出したものであると説明しました。そして、左側が資金の使途、運用状況を示し、右側にその資金の調達源泉が示されていることをしつっこく説明してきました。まさに、ウチのフトコロ具合を探ってきました。

会社は、極言すればおカネで始まり、おカネで終わるものです。おカネがモノや情報などのいろいろな形に姿を変えて、ぐるぐる回っているのです。これが、経営活動というものの経理的側面です。会社を経営するためには、こういうおカネやモノが、どのような形でどこに存在し、どこに向かって動こうとしているのかを常に把握し、全体の動きを見抜いていかなければなりません。

貸借対照表こそ、会社のおカネとモノの状態を見事に描き出してくれます。貸借対照表は会社経営の必須用具なのです。ゆくゆくは社長になる人は、絶対この貸借対照表をマスターしなければなりません。

損益計算書は、売上げ、費用、利益といったフローのデータの集まりです。貸借対照表は、このフローが永い年月にわたって作り出したストックのデータの集まりです。貸借対照表は、ある時点のストック、財政状態を写し出す静止画像にすぎないともいえます。無機質な数字が黙って静かに並んでいるだけです。しかし、そこにそれぞれの会社のビジネスの動きを投影して見ると、数字が動きだし、躍動してきます。それは、バランスシートが、激しく動き続ける経営活動を写し出す鏡だからです。

もうすぐ社長になる皆さんは、バランスシートを通じて自らの会社経営の結果を常に見抜く力と、将来の戦略と方策を生み出していく力を持っていなければなりません。これこそ、社長になるための必要条件であると思います。なぜならば、自らの会社を経営することは、自らの会社のバランスシートを作り出していくことでもあるからです。

以上、だいぶ時間をオーバーしてしまいましたが、皆さまへの期待を込めてたっぷり話をさせていただきました。私のいいたい気持ちはおわかりいただけたと思います。

それでは、昼食にしたいと思います。

3

儲けの配り先

――利益処分案を学ぶ

1 儲けを山分けする？

石井 これから少し目先を変えて、利益の処分についてご説明いたします。会社は黒字で利益が出ないといけません。赤字では、やはり元気が出ませんからね。会社が利益をあげたらどうするのか、これがテーマです。題して「儲けの配り先」。ゲンのいい話です。

会社はだれのものか？ こういう議論がよくなされます。会社は経営者のものだ、イヤ従業員のものだ、銀行のものだ等々いろいろな議論があります。清水さん、会社はいったいだれのものと考えればよいのでしょうか？ 教えて下さい。

清水 法律的にみれば会社は株主のものですね。ただ、これも本当は難しい問題です。会社のまわりには、実に多くの利害関係者がいますので……。

石井 一応、株主のものと考えましょうか。会社の意思決定機関はいうまでもなく株主総会です。総会の形骸化がいわれていますが、法律的には最高の機関ですね。多くの会社は三月に決算を締めますので、六月末に株主総会が開かれます。そこで、法律で決められている事項の報告、承認、決定がなされます。経理的なことに関しては、法律大会社の場合ですと、営業報告書、貸借対照表、損益計算書の報告、さらに「利益処分案」の承認があります。

お手元の資料番号6番を見て下さい。利益処分案があります。上段に当期未処分利益とあり、「これを次の通り処分します」とあります。まさに利益処分の内容が記載されています。この案に沿ってご説明しましょう。

まず当期未処分利益ですが、これは当期利益に前期繰越利益を加えたものです。前期繰越利益とは、前からの利益のうち、まだ処分されずに繰り越された利益のことをいい、当期利益は今期稼いだ利益のことです。これを合計したのが、当期未処分利益になります。これが処分対象の利益ですね。

じゃー、どのように処分されるか……次を追ってみますと、利益準備金、利益配当金、取締役賞与金、別途積立金、次期繰越利益と書いてあります。これが、利益の処分先であり、処分方法なんです。個々の項目について、これからひとつずつ説明いたしますが、その前にひとつ大事なことをお話します。

利益の処分というと、何かおカネを山分けするような感じをお持ちになるかもしれません。しかし、それは違います。特に利益準備金、別途積立金等……金のつく用語が並んでいますので、どうしても現金の山を分けて金庫にしまい込むように思ってし

資料6

利益処分案

		百万円
当期未処分利益		33,154
特別償却積立金取崩額		555
	合計	33,709
これを次の通り処分します		
利益準備金		510
利益配当金		4,966
取締役賞与金		129
別途積立金		17,189
次期繰越利益		10,915

注）利益処分案は通常、円単位で表記します。ここでは、全体の流れを理解していただくため、他の書類と同じ百万円単位にしています。

まいますね。利益は即現金ではないということは、何回もご説明しましたのでおわかりと思います。この利益を処分しようというわけですから、これも直接には現金とは関係がないのです。

松田 じゃー、利益処分というのはいったい何なんですか？　よくわかりませんなあ。

石井 それは利益という看板を、……準備金、積立金という風に小さな看板に書き換えることなんだと考えて下さい。現金を取り出して小さく分けて名札をつけて金庫に入れるのではなく、利益を細分化して表示し直したんだと理解して下さい。

松田 なんかごまかされているような感じだね……まあ、しかし利益がイコール現金でないんだから、そういうことになるんかなー。

石井 利益という看板をいくつかの小さな看板に書き換えるんだと理解しましょう。

2　株主にはいくらつつんだらいいか？

石井 利益処分のうち興味あるものから説明しましょう。最初は配当金です。配当金

看板を書き換える

利益
- 利益準備金
- 株主配当金
- 役員賞与金
- 別途積立金
- 次期繰越利益

に関しては、一割配当、無配、増配、記念配などという言葉を耳にしたことがあると思います。株主に対して利益を還元するわけで、利益という果実を直接享受できるのがこの配当金です。

菅原　この配当金は、株主へおカネとして配るものですよね？　ですから、現金の山分けの一部になるんではないですか？　さっき、そうではないとおっしゃったけれども……。

石井　そうです。これはいずれ現金が出ていくという意味でおカネが分配されます。ただ、さっきいったのは、利益処分全体が即現金の分配ではないという意味です。

配当金の場合はこうなります。配当金という看板をまず書き、次に総会の翌日に未払配当金という看板に書き換えます。ここでいずれ会社は現金で支払うという債務になるのです。その後、配当金として現金が支払われます。この時点でやっと現金になるのです。会社から株主へ現金が流れ出ていきますので、「社外流出」するといいます。

小山　配当に関連して「配当性向」という言葉がよく使われますが、その意味を教えて下さい。

石井　はい。**配当性向**は、利益のうちどの程度を配当に回したかを示す指標です。年間配当額を当期利益で割ったものです。これが高いということは、稼いだ利益のうちほとんどを配当として社外流出させたことになります。これが、配当性向です。

一方、配当性向の逆で「**社内留保**」という用語があります。これは、利益を社外流出させないで社内に留保しておくことをいいます。あの会社は、社内留保が厚いからいい会社だなんてよく聞きますね。

小山　利益が出れば全額配当金へ回してしまってもいいんでしょうか？　何か制約がありますか？

石井　ええ、配当にはいくつかの制約があります。たとえば、商法には「**配当制限**」の規定があります。詳細は省略しますが、商法が制限する理由は次の通りです。商法というものの考え方がよくわかります。

配当金は最後には会社から現金が出ていくもので、社外流出していきます。いま説明した通りですね。したがって、無制限に配当をしていきますと、会社の財務内容が悪くなっていく可能性があります。一方、会社には債権を持っている人たちがいます。おカネを貸している銀行などの債権者がいますね。彼らは、会社の財務的基盤が

資料7

配当、連結ベースに変更

グループ力生かす

武田薬品・ホンダなど

利益配分を厚く

株主への配当を単独決算ベースから連結ベースに変える動きが有力企業に広がっている。武田薬品工業などが二〇〇一年三月期から連結を基準にした配当政策を明確にし、ホンダなども連結を意識した配当政策をとり始めた。企業決算は二〇〇〇年三月期から連結中心になったが、配当は商法などの規定で単独が依然として基準になっている。有力企業では連結の利益が単独を上回る場合が多く、独自に連結を基準にすることによって株主への利益配分を厚くする姿勢を明確にする。（配当政策は3面「きょうのことば」参照）＝解説を企業財務面に

武田は前期から「連結業績に応じた利益配分を基本方針にする」と決算短信に明記。前期の年配当を三十二円から五十円に引き上げ、今期は五十五円にすることを表明している。HOYAも前期から配当を連結ベースでする考えを打ち出し、年配当を三十五円から五十円に増やした。

二〇〇二年三月期に年三円増配を予定するホンダは、連結重視の経営に一貫性を持たせることなどを理由に、配当にも連結の考え方を反映させ始めた。東京エレクトロンは将来は連結で配当性向二〇%前後を目指す方針。

有力企業では、親会社の利益と子会社の利益を合算する連結の方が単独に比べ利益水準が高い。このため、最終利益に対してどれだけ配当を支払ったかを示す配当性向は、連結は単独より

連結ベースの配当を意識した主な企業の2001年３月期の配当性向

	配当性向		一株配当	
	単独	連結	2001年３月期	2000年３月期
武田薬品工業	31%	30%	50円	32円
ＨＯＹＡ	47%	27%	50円	35円
日興証券	61%	37%	9円	20円
ホンダ	198%	10%	23円	23円
東京エレクトロン	22%	11%	38円	14円

(注)配当は記念配を含む

日本経済新聞（2001年６月12日）

あんまり弱くなると困るわけです。配当金をジャンジャン増やすことは、株主にとっては大歓迎ですが、債権者にとっては迷惑な話なのです。そこで、商法は「**債権者保護**」の観点から配当の制限を定めて、会社の財務的基盤が揺るがないようにしているんです。

松田　配当は社外流出しますから、それだけ内部留保を薄くしてしまいますね。経営者としては内部留保を厚くして会社の体質を良くしたいと思うでしょう。よく考えると、配当をどのくらい株主に配るかという問題は、株主、債権者、経営者等お互いに利害がぶつかりあう問題なんですね？

石井　いやーまったくおっしゃる通りです。利益の中からどれだけ配当を支払うか……これを「**配当政策**」といいますが、これは会社の財務政策、経営戦略と結びつく重要な問題なのです。

むかし、東燃事件というのがありました。これは、配当政策をめぐる大株主―エクソン、モービルと東燃経営陣の相剋が原因です。増配を強く要求する大株主と、将来の設備投資のために内部蓄積を優先したいとする経営陣との戦いでした。大株主側は社長を事実上解任に追い込む形で、株主としての利益を実現していきました。これだけ重要な問題なのです。

3　社長のボーナスはいくらか？

石井　次は役員賞与金です。他人がもらう賞与は誰でも興味がありますが、ともかく真面目にいきましょう。これはその名の通り役員に対する賞与です。しかし、なぜ役員賞与が利益処分案に含まれるのでしょうか？　ちょっと考えてみて下さい。

小山　私たちの賞与は、たしか給与と同じく労務費の中に入ると思います。よく一人当たり平均労務費の金額を聞くと、賞与込みで○○万円といいますから。しかし、役員の賞与がどうなっているのか、もらっていないのでわかりませんな。

石井　はい、説明しましょう。賞与というのは臨時的に支払われる給与なんですが、いわゆる使用人（従業員）の場合と役員の場合とで、税金上の扱いが違うのです。使用人に支払われる賞与は、その労務に対する対価として考えられていますので、労務費として費用処理ができます。しかし、役員に対する賞与は、労務の対価というよりもその功績に対して利益の配分を受ける性格のものだと考えられています。そこで、費用でなく利益の処分になって表れてくるのです。

小山　そうすると、この役員賞与はいずれ役員に現金で支払われるから、やはり社外流出になるんですね？

石井　そうです。配当金と同じように社外におカネが出ていきますので、社外流出になりますね。

横田　とすると、役員賞与はわかったとして、役員報酬というのがありますよね？　それは……。

石井　**役員報酬**は、役員の業務執行というか、労務提供の対価として定期的に支給されるものをいいます。役員に対する定期の給与ですので、会社の費用と考えられています。これは、労務費として一般管理費の中に含まれています。

清水　よく会社の業績が悪くなると、役員賞与や役員報酬のカットが

配当制限条項

商法は，債権者保護の観点から配当の上限を定めて，会社の財務的基盤を崩すような配当を禁止しています。商法290条は，配当可能限度額として貸借対照表上の純資産から次の金額を控除した額と定めています。

1　資本金の額
2　法定準備金（資本準備金と利益準備金の合計額）
3　今回の利益処分を行った場合に積み立てるべき利益準備金の額
4　貸借対照表に計上された開業費，試験研究費，開発費の合計額が，2および3の法定準備金の合計額を超える時は，その超過額

この限度額を超える配当を実施すれば，商法違反で罰則を受けることになります。

報じられますが、この辺のことなんですね。
ところで、日本の場合、社長の賞与なんかはいくらぐらいなんでしょうね。興味ありますね。

石井　清水さんがご存じでなければ、その他の人はなおわからないでしょうね。どうでしょうか、日本の社長の所得はずいぶん低いといわれていますよね？　アメリカのCEO……最高経営責任者がかなりの高額所得者であることは、有名ですね。ジャック・ウェルチとかビル・ゲイツなんかの話を聞くとびっくりしてしまいます。日本でももっと社長の報酬や賞与を上げて、やる気と責任感を持ってもらったほうがいいんじゃないですかね。それは、われわれの給料とボーナスにも同じことがいえますよ。

清水　アメリカのCEOの所得がものすごく高いのは、ストック・オプションの権利行使による株式売却益が大きな比重を占めているからだといわれています。

石井　清水さん、そのストック・オプションについてちょっと説明して下さい。

清水　**ストック・オプション制度**は、アメリカで広く利用されているんですが、こういうことです。会社の役員等に自分の会社の株……自社株を買い取る権利を与える制度です。アメリカでは、これがインセンティブ・システムのひとつとして利用されています。たとえば会社役員がストック・オプションを付与された後、会社の業績をあげようと猛烈に努力した結果、会社の株価が上がったとします。その時点でオプション権を行使すれば、会社から一定の低い価格で株式を譲り受けることができ、これを市場で売ります。その差額が本人の利益となって入ってきます。株価が上がるような立派な会社になるよう経営努力をすればするほど、会社役員の利益は大きくなるという仕組みです。

石井　最近、日本でもこのストック・オプション制度が実施されています。特に、ベンチャービジネスを育て上げていくための支援策のひとつにこれが検討され、新しいインセンティブ・システムとして注目を浴びています。また、勝ち組の大企業の中でも、この制度を採り入れる会社が増えています。

利益処分としての役員賞与の話はこの辺にして、配当金と役員賞与の残りはいったいどうなるのか、そちらに移ろうと思います。

4　残りはどこにもっていくのか?

石井　未処分利益のうち配当金と役員賞与についてお話ししました。あとの残りはどうなるのでしょうか?

答えはこうです。残りは社外流出させないで、次期に繰り越します。残りは利益準備金、任意積立金、次期繰越利益という看板をつけて繰り越すのです。これらが「留保利益」になるのです。

これからひとつずつ説明いたしましょう。

まず利益準備金です。これは利益処分によりお金が社外に出ていく金額の十分の一以上を積み立てるものです。社外流出していくものは、配当金と役員賞与ですので、その金額の十分の一以上を資本金の四分の一まで積み立てていくものです。これは、商法で強制的に積み立てるよう決めているのです。これが、利益準備金です。

木村　利益準備金の強制積立は何のために行うのですか?　さっき話のあった配当金の制限と同じような考えなんですか?

石井　そうです、同じです。まさに商法の理念と関係があります。商法は「債権者保護」を第一に考えますので、社外流出した金額の一部を積み立て、拘束することにより、会社の財務基盤を揺るぎないものにしようとしているのです。さらに同じ観点から、商法は利益準備金の使途を制限しています。すなわち、この利益準備金は欠損金を補塡する場合と資本金に組み入れる場合にしか使えません。せっかく積み立てた準備金が、社外に流出しないようにしているのです。

次は、任意積立金です。法律によって積立が強制されていないという意味で、**任意積立金**と呼ばれています。利益準備金以外の準備金というわけです。これは、特定の目的のあるものと

計算書類

決算書とは，会社が会計年度末に作成する貸借対照表や損益計算書を中核とする書類の総称です。商法は，会社経営の基本法規ですが，商法はこの決算書について次のように定めています。商法第281条1項ですべての株式会社に年度末に決算書を作成することを義務づけています。商法のいう決算書とは，貸借対照表，損益計算書，営業報告書，利益処分案，附属明細書のことです。これらを一般に計算書類といっています。

これらの計算書類のうち，貸借対照表，損益計算書，営業報告書，利益処分案は，株主総会招集通知に添付して株主に送られます。

特に目的のないものに分かれます。特に目的のないものを、**別途積立金**といいます。最後の残りが次期繰越利益となります。これは、来期には前期繰越利益となり、来期の利益処分の対象になっていきます。

以上のように配当金と役員賞与金は社外に流出していきますが、利益準備金、任意積立金、次期繰越利益は内部留保として、社内に蓄積されていきます。これが、儲けの配り先です。

5　めざせ「儲けの良循環」

石井　いままで利益処分の過程を見てきました。この過程を別の角度から見ると、利益の蓄積の過程でもあり、会社の成長の過程でもあります。最後のまとめをかねて、この循環過程を見てみましょう。題して「めざせ儲けの良循環」です。

まず会社が成長し利益が出ます。利益処分がなされ、その一部を内部留保として蓄積します。この内部留保は、会社の成長にとって極めて重要なものです。内部留保が蓄積されることにより自己資本が大きくなり、借入金などの他人資本を削減することができます。その結果、支払金利が減り、収益力がさらに向上します。そうなると、より多く配当ができ株価も高くなります。会社の評価がより高くなり、株式の時価発行等の有利な資金調達が可能になります。

そうなるとこの有利な資金を使って、次の発展、成長のために思い切ったことができるようになります。成長、発展のためのドライブがかかってきます。プラスがプラスを生み拡大していく循環が始まります。まさに、成長と儲けの良循環が回り出すのです。優良な会社、勝ち組といわれる会社は、みんなこういうプロセスを作り出して、今日があるのです。会社はこういうふうに経営していきたいものだとつくづく思います。

儲けの良循環

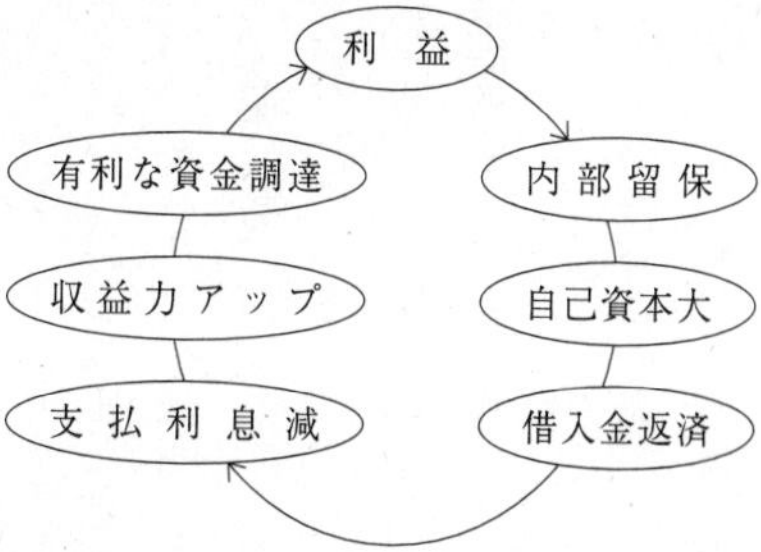

6　監査報告書が付いています

小山　すいませんが、質問があります。今までP／L、B／S、利益処分案について話を聞きましたが、これらの会計書類が正しいものかどうかを監査する監査制度があると聞きました。この**監査制度**について説明して下さい。

石井　はい、わかりました。会社が作る財務諸表が誤りのないものであり、信頼できるものであることを証明する必要があります。しかし、自己証明は証明にあらずですので、第三者に証明してもらう必要があります。このお墨付きを与えるものが、監査報告書だと思います。

株主総会の招集通知には、B/S、P/L、利益処分案が載っていますが、監査役や会計監査人の監査報告書も載っています。この監査報告書こそ会計監査の成果ですね。

小山　その監査報告書ですが、監査役のものと会計監査人のものと二通りの監査報告書がありますね。これは、どうしてなのでしょうか？　ふたりで分担しているのでしょうか？

石井　はい、これからご説明いたします。まず、会計監査とは何か？　ということですが、難しくいうと次の通りです。会社の作る決算書の正確性、信頼性を保証するために、作成責任者以外の第三者により行われる監査制度です。株式を上場している大会社（資本金五億円以上または負債総額二百億円以上の会社）の場合は、会計監査制度は次のような二つの仕組みから成り立っています。ひとつが、監査役による監査、もうひとつが会計監査人による監査です。

木村　監査役はわかりますが、会計監査人がわかりません。会計監査人というのは公認会計士のことですか？

石井　そうですね。公認会計士と考えて下さい。まず、監査役監査を説明します。監査役は、もともと取締役の職務執行が法律や定款に違反していないかどうかを監査することになっています。もう少し正確にいいますと、日常は取締役の職務執行を監査します。そして年度末には、取締役が作成し株主総会に提出する計算書類が、法令に違反していないかどうかを監査するのです。これが監査役の決算書監査にあた

会社の区分と監査人の役割

商法特例法（株式会社の監査等に関する商法の特例に関する法律）では，会社の区分と監査人の職務を次のように決めています。

大会社とは，資本金５億円以上または負債総額200億円以上の会社をいいます。大会社の場合は，監査人による会計監査と業務監査とともに会計監査人の監査があります。

小会社とは，資本金が１億円以下で負債総額が200億円未満の会社をいいます。小会社では，監査役の会計監査のみがあります。

大会社にも小会社にも属さない中会社は，資本金１億円超５億円未満で負債総額200億円未満の会社をいいます。中会社では，監査役の会計監査と業務監査があります。

ります。

加納　監査役が決算書を監査するといわれましたが、私が見聞した範囲では監査役になる人は必ずしも経理の知識があるとは限りませんね。だから、大変難しいと思います。大体経理の素人が多いと思いますが……。

石井　ええ……。おっしゃる通りです。こういう仕組みになっています。監査役が決算書の監査をしなければならないのですが、現実は会計監査人―公認会計士と監査法人―に全面的に依存しているのです。会計監査人は、監査の専門家です。会計監査人は、監査役の会計監査を支えるものとして昭和四十九年に商法で決められました。会計監査人は、当然株主総会で選任されます。

加納　これで、少しは納得できましたよ。

石井　会計監査人は、こういう仕組みの中で会計監査を行います。その目的は、会社が作成した決算書が信頼に足るものかどうかを監査します。監査した結果と判断を監査報告書にまとめます。監査報告書には、大体次のようなことが記載されます。

・貸借対照表及び損益計算書は法令及び定款に従い、会社の財政及び損益状況を正しく示しているものと認める。

・営業報告書（会計に関する部分に限る）は、法令及び定款に従い会社の状況を正しく示しているものと認める。

・利益処分案は法令及び定款に適合していると認める。

といった具合です。これでもって会社の決算書が信頼に足るものであるというお墨付きになっているのです。

清水 こういう形で、会社が作る決算書の正確性が保たれ、会社の外側にいる人々が、決算書を信頼感を持って見ることができるというわけですね。

石井 はい、そういうことです。

石井 以上「儲けの配り先」と題して利益処分について勉強してきました。経営者として一年の儲けをどういうふうに配っていくかは極めて重要な決断です。過去の一年を振り返るとともに明日からの将来も見据えて、どう配るかを決めていかなければなりません。

まず利益を出すこと。これが第一。そしてその利益を会社の将来の展開のためにどう活用していくか、ここに会社を経営する責任者の仕事が凝縮されているのかもしれません。

これで「儲けの配り先」を終えます。

ちょっと一息入れましょう。

4

勘定合って銭足らず

――資金を学ぶ

1　黒字倒産ってなに？

石井　それでは本日最後のテーマである資金の話に入ります。**黒字倒産**という言葉がありますが、耳にしたことがあるでしょうか？　この意味は、会社が黒字なのに倒産してしまうということです。小山さん、聞いたことがありますか？

小山　いやー、倒産というのはおカネが払えなくなって、銀行取引ができなくなり商売がいきづまることをいうんでしょう。よく負債総額何百億円と新聞に出るように、赤字会社が倒産するのだと思いますが。

石井　普通の場合はそうですが、黒字でも倒産する場合があるんです。それは、こういうことです。会社の損益は、

売上げ－費用＝利益

ですから、売上げがたてば即利益となります。一方、おカネのほうは別です。売上げがたってもすぐにおカネは入ってきません。しかし、従業員の給料や電気代などは、すぐに現金で払わなくてはなりません。支払いのほうが先に出ていくのです。したが

って、もし銀行がおカネを貸してくれなければ、倒産してしまうのです。黒字であってもおカネが足りず、倒産することがあるのです。黒字倒産というのは、こういうことをいっているのです。

加納　損益の動きと資金の動きは、別々だからそういうことが起きるのですね？

石井　そうです。何回もお話していますが、利益が出ているということは、いますぐにそこに現金があるというわけではないのです。損益の動きと資金の動きは、おっしゃる通り別なのです。だから、よくいわれるように会社経営には、損益の舵取りと資金の舵取りの両方が必要なんです。

松田　その資金の舵取りというのが、資金繰りといわれるものなんだと理解してよろしいでしょうか？　そしてさらに、資金繰りは具体的にどうやっているのかも教えて下さい。

石井　ええ、資金繰りとは、資金の動きを具体的に把握し、資金を管理していくことです。これから、資金繰りの具体的なやり方についてご説明いたします。資料番号8番の資金繰り表を見て下さい。

みなさんが、ご家庭でつける家計簿や小遣い帳と同じように、会社でも資金繰り表があります。これでもって、現実のおカネの受け払いをキチンと管理します。

資料8

資金繰り表

<table>
<tr><th colspan="3">項目</th><th>1月</th><th>2月</th></tr>
<tr><td rowspan="13">事業活動に伴う収支</td><td rowspan="4">収入</td><td>売上現金回収</td><td></td><td></td></tr>
<tr><td>受取手形決済</td><td></td><td></td></tr>
<tr><td>その他</td><td></td><td></td></tr>
<tr><td>収入計①</td><td></td><td></td></tr>
<tr><td rowspan="8">支出</td><td>原料費</td><td></td><td></td></tr>
<tr><td>人件費</td><td></td><td></td></tr>
<tr><td>経費</td><td></td><td></td></tr>
<tr><td>設備購入</td><td></td><td></td></tr>
<tr><td>法人税等</td><td></td><td></td></tr>
<tr><td>支払手形決済</td><td></td><td></td></tr>
<tr><td>その他</td><td></td><td></td></tr>
<tr><td>支出計②</td><td></td><td></td></tr>
<tr><td colspan="2">事業収支尻③=①−②</td><td></td><td></td></tr>
<tr><td rowspan="7">資金調達に伴う収支</td><td rowspan="3">収入</td><td>借入金・増資</td><td></td><td></td></tr>
<tr><td>割引手形</td><td></td><td></td></tr>
<tr><td>収入計④</td><td></td><td></td></tr>
<tr><td rowspan="3">支出</td><td>借入金返済</td><td></td><td></td></tr>
<tr><td>その他</td><td></td><td></td></tr>
<tr><td>支出計⑤</td><td></td><td></td></tr>
<tr><td colspan="2">資金調達収支尻⑥=④−⑤</td><td></td><td></td></tr>
<tr><td colspan="3">総合収支尻⑦=③+⑥</td><td></td><td></td></tr>
<tr><td colspan="3">前月資金残高⑧</td><td></td><td></td></tr>
<tr><td colspan="3">当月資金残高⑦+⑧</td><td></td><td></td></tr>
</table>

前月残＋受け入れ－払い出し＝今月残

という受け払いを予測し、おカネの動きを管理していくのです。

具体的に見てみましょう。大きく事業活動に伴う収支と資金調達に伴う収支に分けます。事業活動に伴う収入には、現金売上げ、受取手形の回収等が入ります。支出には、原料代金の支払い、人件費、経費、支払手形の支払い等が入ります。そうそう、税金の支払いもありますね。この差し引きが事業収支尻になります。

清水　こうみると税金も他の費用と同じに現金で払っているんだということが、よくわかりますね。石井さんがいうように、税金もコストなんですね。

石井　清水さんもだいぶおわかりになりましたね。

一方、資金調達の収入には、借入金、手形割引が入ります。支出のほうは借入金の返済が入ります。この収支が資金調達収支尻となります。そして総合収支に前月残が加わり、当月残高が予想されます。これが、資金繰り表のサンプルです。骨格の大筋はおわかりになったと思います。

こういうふうにして資金の管理をしていきます。現実には月単位ではなく、日々単位で管理されています。それというのも、資金の管理にはタイミングが絶対に必要だからです。資金のタイミングに関しては一日たりとも失敗は許されないのです。

具体的に説明いたしましょう。今月末に十億円の現金支払いがある場合、翌月初めに十億円の入金があっても何ら役にたたないのです。今月末の支払いについては今月末の現金で賄わなければなりません。翌月初めの入金を待っていては遅いのです。資金繰りは、タイミングが大事で、日々単位の管理が必要というのは、こういう意味です。

小山　この表を見ると、おカネが足りなくなったら、借入金を増やせばよいというふうに考えてしまいますが、それじゃダメなんですよね？

石井　事業収支が赤字になった場合、銀行から借金をすることによって資金を賄うことは、ひとつの方法です。しかし、借金をいつまでも続けていくわけにはいきませんね。借金は最後の手段ですから……。資金収支がマイナスになったら、まずどうするのでしょうか？　小山さんでしたらどうしますか？

小山　おカネの入りを早くすることと、逆におカネの出を少なくして、おカネを作り出すことがまず必要だろうと思います。

石井　はい、基本的にはそういうことでしょう。これを、経理的にいいますと、次のようになります。

売掛金で未回収のものの入金をはかる、受取手形のサイトを短くしてもらう、支払代金の支払いを適正なサイトにしてもらう、在庫を減らす、不要不急の資産を売却する、余分なものを持たないようにする等々です。資金の無駄使いをなくし、収入を増やすというと当たり前のことと思うでしょう。しかし、基本はそれしかないのです。われわれの家計のやりくりとまったく同じです。

入るを量って出ずるを制す、おカネの払いは待ったなし、これが資金の原則です。

2　二年分前払いの家賃はどうなる？

石井　今までの話で、損益とおカネの動きは別。したがっておカネはおカネとして別に把握し管理していかないとダメということを、理屈としては理解できたと思います。

さらにもう少し具体的な例を取り上げて、費用とおカネの動きを追いかけてみます。そして、そこから経理の考え方の基本を勉強したいと思います。

松田さん、お手元のバランスシートの流動資産のところを見て下さい。いいですか、下の方に「**前払費用**」というのがありますね。これは、どんな費用かわかりますか？

松田　前払費用ですか？　前に払った費用という意味ですか？

石井　前に払った費用……なんだかわかりませんね。実はこういうことです。説明しましょう。家賃を二年分、二百万円支払ったとします。おカネを工面して払いました。その場合、損益はどうするのでしょうか？　二年分全額を費用で落とすのでしょうか？　今度は、木村さんどうでしょうか？

木村　二年分といっても二百万円ですから、いっぺんに落としてもいいんじゃないですか？　これが、何億円という金額だと問題ですが……。

石井　二年分をいっぺんに費用にするのは、まずいと思います。二年分ですから、二分の一の百万円をまず費用とし、残りの二分の一は二年目の費用として繰り越します。この繰り越された分は、貸借対照表の資産の部にあげておきます。これが、前払費用なんです。図を描くとこういうふうになります。

小山　前に話のあったあの会計上の資産と同じで、計算上たまたま左側の資産にあげておく……というやつですね。

石井　そうですね。前払費用は次のように定義されています。「一定の契約にしたがって、継続的に役務の提供を受ける場合、まだ提供されていない役務に対して支払われた対価」をいいます。すなわち、おカネの払いは終わっていますが、まだ役務の提供を受けていません。時間の経過とともに次期以降の費用になるので、経過的に資産の部にのせておくのです。

菅原 なんでそういうことをするんでしょうか？

石井 それは前にも説明しましたが、損益計算を適正なものにしようということからきています。例の「**収益費用対応の原則**」ですね。

まず、おカネの動きと費用の動きを別のものとして把握します。その次に、その費用を収益との関係で今の費用にするか、明日の費用にするかを決めていきます。これが、経理処理の底を流れている基本思想なんです。

横田 そうすると逆の場合もありますね。住んでから二年後に家賃を支払うというケースです。その場合は、前払いでなく後払いになりますね。こんな時はどうなりますか？

石井 この時は、「**未払費用**」という項目で処理します。おカネは払っていませんが、一年目の費用は発生していますので、未払費用という勘定を貸借対照表の負債の部―右側に計上します。これは、おカネは払っていないが、費用は発生し

前払費用

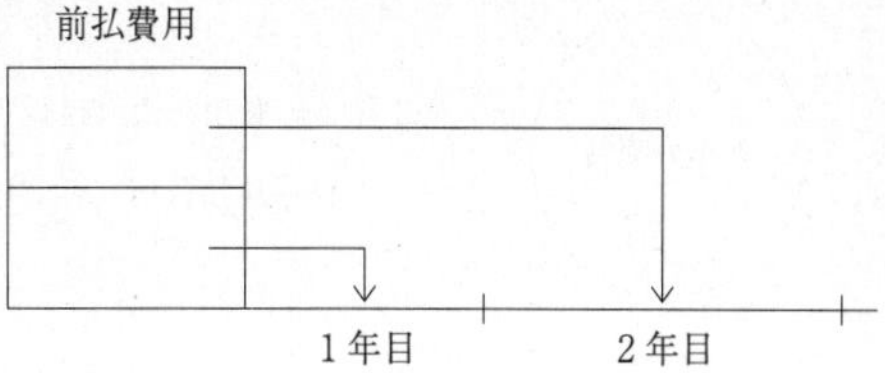

2年分の家賃の配分

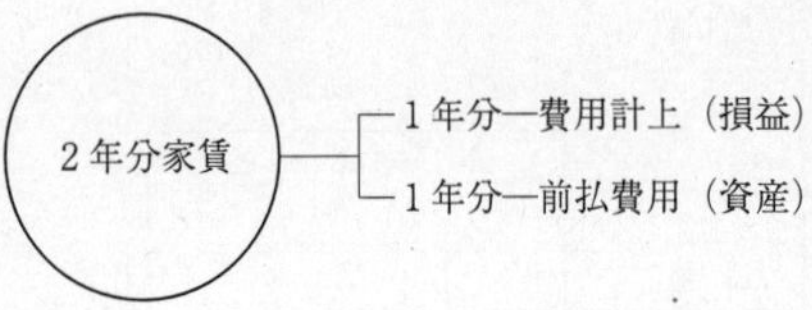

たとみなしているのです。理屈は同じです。

清水　お話を聞いていると、損益と貸借対照表はけっこうつながっているなという感じがします。一方はフロー、他方はストックということで別のものと考えていましたが、かなり関係があるんですね？

石井　なかなかいいところに気付かれましたね。ここのところは、説明が難しいんですよ……。

　前払費用で説明してみましょう。

前払いの家賃は、次の損益期間の費用になりますので、損益計算からはずしてバランスシートの資産の部に経過的にのせました。これは、貸借対照表が将来の費用の固まりを一時的に保留するところでもあることを意味しています。言い換えますと、貸借対照表は次の期間の損益計算のスタートに位置しているのです。これを図に描きますと、こういうふうになります（一一一ページ）。

　貸借対照表と損益計算書は、こういう形でつながっているのです。貸借対照表が、右の損益計算書をつなげる連結環になっていることがよくわかります。

これが理解できれば、相当なものです。皆さん、おわかりになりましたでしょうか？

将来の費用

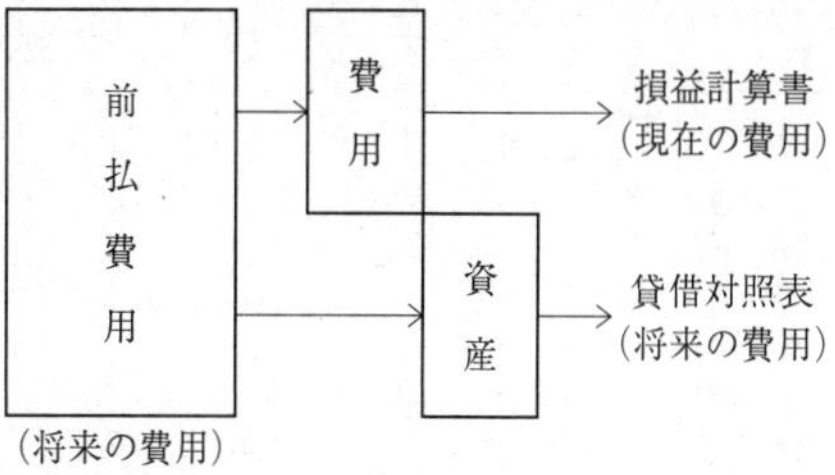

3　タクシーと社有車はどっちが安い？

石井　おカネの動きと費用の動きについて、もうひとつ勉強したいと思います。

今度は固定資産の購入について考え、減価償却費について説明いたします。私は常々減価償却費がわかれば、近代会計学の半分くらいはマスターしたことになるんじゃないかと考えています。それだけ、減価償却費は重要でおもしろいテーマです。

では始めましょう。仕事でタクシーに乗りました。タクシー代を支払って会社に戻りました。タクシー代を経理に請求し現金をもらいました。この場合、経理はおカネを支払い、それ見合いの費用を旅費として処理します。おカネの支払いと費用の発生が同時に起きています。おカネが出ていって旅費という費用に変わったわけです。わかりやすいですね。

もし社有車がある場合はどうなるでしょうか？　どういう費用が発生するのでしょうか？　ガソリン代、税金、保険料等の維持コスト、付帯費用が発生しますね。もちろん、それに見合うおカネを会社は払っています。この場合も、おカネの動きと費用の発生は比較的近い距離にあるといえます。

忘れてはならないのが、車の購入代です。最初に車の購入代として三百万円支払っているとしたら、その支出はどうなっているのでしょうか？　菅原さん、どうなっていると思いますか？

菅原　たしか買った時に固定資産にあげて、償却をしていくんだと聞きましたね。具体的にイメージできませんが……ごめんなさい。

石井　はい、具体的にはこうなります。車を買った時に三百万円を支払いますが、いっぺんに三百万円全額を費用には落としません。さてどうするか？　ここに減価償却費が登場するのです。

減価償却費をひとことでいうと、次のようになります。車を購入した時に払ったおカネをその時の一時の費用にしないで、車が働き続ける期間にわたって少しずつ費用

費用の期間配分

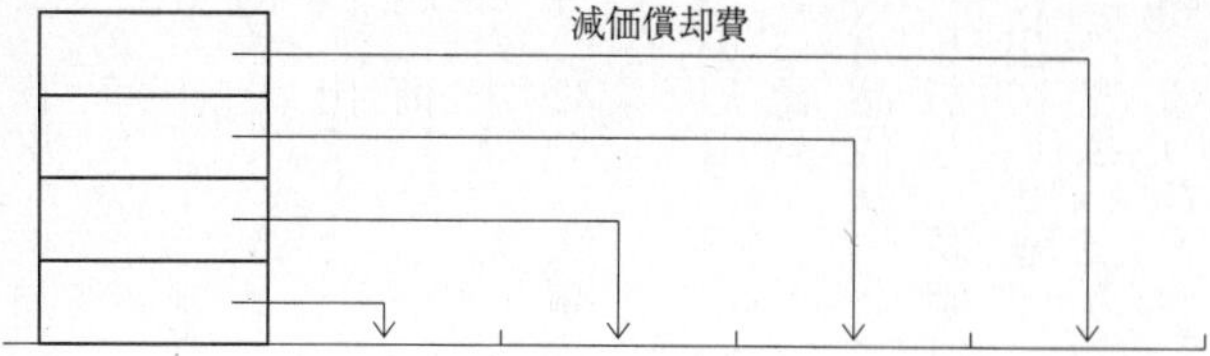

に落としていく。この費用のことを「**減価償却費**」といいます。

車が働き続ける期間を「耐用年数」といいますが、この耐用年数の期間全体で負担しようというわけです。

松田　いわゆる固定資産といわれるものは、みんなこの減価償却費になるのですか？

石井　はい、そうです。機械、建物、構築物等を買ったり、作ったりした場合はみなそうします。土地は別ですが……おカネは先に払ってしまいますが、費用は減価償却費という形であとに発生させるのです。

このようにいっぺんに費用に落とさないで、そのものの働きに応じて耐用年数を決め、その期間にわたって少しずつ減価償却費という費用で落とすというやり方を、「**費用の期間配分**」といいます。

白板に書いてみましょう。こういうふうに、全体を割り振っていくわけです。

松田　費用の期間配分という言葉は初めてですが、前に出てきた「収益費用対応の原則」の考え方とどう違うのでしょうか？

石井　同じような考えですね。機械とかが生み出す力というか稼ぐ力に応じて費用を負担させていきますので、結果的には収益費用の対応をねらっているのです。今まで何回か出てきましたので、おわかりになると思います。

加納　前に誰かが「**減価償却費は現金支出のない費用である**」といっていました。わかったようでわからなかったんですが、ここでもう一度説明して下さい。

石井　これは大事な質問です。ここに減価償却費を理解する核があります。説明しましょう。

思い出して下さい。車を買った時におカネは支払い済みでしたね。そのあとで、減価償却費が少しずつ発生してきました。一方、さっきのタクシー代や皆さんの給料や事務用品代は、おカネの払いと費用の発生がほぼ同時です。普通はこのパターンですね。しかし、減価償却費は違っていました。費用は発生していますが、その時におカネは出ていません。まさに現金支出のない費用なのです。なぜなら、おカネはズーッと前に支払い済みだからです。

加納　もうひとつ質問していいですか？　減価償却費は将来新しいものを買い換える

減価償却費の財務効果

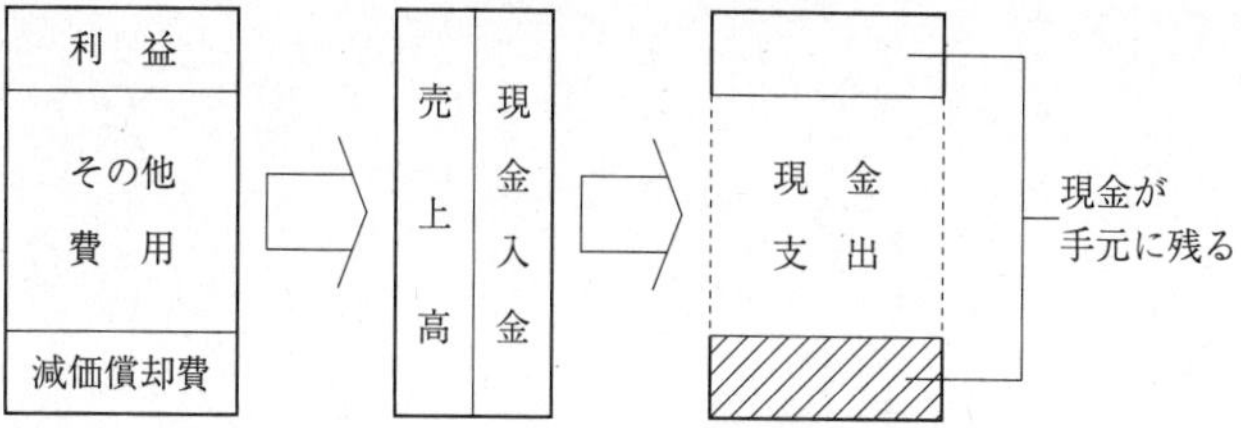

時の資金になるんだという話も、聞いたことがあります。これも、よくわかっていません。申し訳ないが、もう一回教えて下さい。

石井 はいはい、質問は大歓迎ですので、遠慮せずにして下さい。

これは、もう少し正確にいうと次のようになります。減価償却費と資金回収の関係になるんですが、こういうことです。コストの一項目として償却費は売値の中に含まれています。売上げはいずれユーザーから現金で入ってきます。一方、減価償却費としての現金支出はありませんね。したがって、償却費見合いの現金が手元に残ることになります。購入時に払ったおカネの一部がやっと戻ってきたわけです。白板に書いてみましょう。こうなっているんです。

これが、「**減価償却費の財務効果**」といわれるものです。おカネがモノに姿を変えてグルリとひと回りして、戻っててきたということで、「固定資産の流動化」ともいわれています。資金の動きを考える時、この機能を忘れてはいけません。

以上、減価償却費の話をしてきました。少しずつおわかりのように、減価償却費は資金、損益を考えるとき重要な費用項目なのです。これが、完全に理解できればもう大丈夫です。減価償却費こそ近代会計学の核心であり、資金と費用、資金の流れを考える時、重要なファクターになるからです。減価償却費がわかれば、すべてがわかるといっても過言ではありません。これは決してウソではありません。

4　資金の舵取りが大事です

石井　以上資金に関連する点を説明してまいりました。ここで、まとめに入りたいと思います。会社経営と資金の関係を考える時忘れてはならないポイントを、五つにしぼってみました。これから申し上げます。

まず第一のポイントは、会社活動を資金循環の過程として見ることです。会社の活動は煎じ詰めればおカネの循環活動です。おカネがヒト、モノ、サービス、情報等に姿を変えて活動します。その成果が売上げとなって実を結び、最終的には売上代金の回収となって戻ってきます。おカネが何回か回転して手元に戻ってきたのです。

まさに資金の循環なのです。まず、会社活動は資金の循環活動であることを、みんなが認識することです。会社活動の裏におカネの出入りがあることをはっきり認識しなければなりません。

第二のポイントは、タイミングよく資金の動きをつかむことです。大きな資金循環の中で、おカネは出たり入ったり絶えず動き回っています。ちょうど人間の血液のようです。したがって、この流れが途絶えると会社活動が成り立たなくなります。常にタイミングよくおカネの動きを把握し、おカネを動かすことが肝要です。

おカネの出入りは待ったなしです。タイミングを常に考え、必要な時に必要な資金が動くよう準備しておく必要があるのです。資金の舵取りは、経営の重要な仕事です。

第三は、資金繰り表の重要性です。必要な時に必要なおカネが動くよう資金管理を行います。これが資金繰りです。資金繰りと聞くと何やら小難しいようですが、決して難しいものではありません。毎日のおカネの出入りをキチンと追いかけ、先を見通していくことが基本です。資金繰り表がその役割を果たします。「入るを量って出ずるを制す」これが資金管理の基本です。

第四のポイントは、損益と資金の動きは違うということです。損益と資金の動きはまったく別のものです。会社の経営というとどうしても売上げとか利益とかいう損益の動きに関心が集まります。もちろん損益の舵取りは大事です。

しかし、「勘定合って銭足らず」にならないよう資金の舵取りも大事です。「損益も資金も大事」ということです。損益の舵取りと資金の舵取りは、まさに車の両輪です。

五番目のポイントは、自らの仕事と資金の動きを関連づけることです。資金のことは経理とか財務にまかせておけばいいと考えがちです。しかし、それは間違いです。会社の活動はいきつくところ、最後はおカネの出入りとなって表れます。したがって、資金の動きは一人ひとりの仕事と結びついているのです。たとえば資金不足が予想される時、それを解決するのは営業部や製造部の人々の具体的な活動なんです。

在庫を削減する。受注、生産、販売のリードタイムを短くする。売上げの集金をキチンとやる。未収になっている売掛金の回収を急ぐ。受取手形のサイトを短くしてもらう。これらはみんな資金を効率化し資金不足を解決していきます。経理が銀行からおカネを借りればそれでよい、ではないのです。自らの仕事を資金の動きに結びつけて行動することが一番大事です。これがあるかないかで、会社の姿は大きく変わっていきます。

以上、会社経営と資金を考える時に大事な五つのポイントについてご説明いたしました。これで「勘定合って銭足らず」を終わります。

5 税金をこんなに払うの？

——法人税を学ぶ

石井　先ほどの休憩の時に、税金についての話を早くしてほしい旨のご希望がありましたので、ここで税金……会社の税金ですから法人税についてご説明いたしたいと思います。

会社経営にとって税金の問題はかなり重要なんですが、なかなか難しくて分かりにくいらしく、みなさん敬遠しがちです。しかし税金は、今まで述べてきた損益、資金と同じように会社経営に与える影響は極めて大きなものがあります。

これから基本的な法人税の知識をマスターしていただけるように、かいつまんでご説明いたします。法人税入門の入門です。進め方はこうしたいと思います。みなさんからご質問していただき、それに答える形でご説明していきましょう。そのほうがみなさんの要望に応えられると思いますので。

それでは、なんでも結構ですので質問して下さい。

1　課税所得と申します

清水　よく会社の利益の半分くらいが税金でもっていかれるといわれていますが、その中身について教えて下さい。

石井　はい。利益の半分くらいが税金としてかかります。中身を申し上げますと次のようになっています。白板に書きましょう。えーと、会社の利益に対して国税として法人税、地方税として法人住民税、事業税がかかります。

清水　法人にも住民税という税金があるんですか？　ウチもそれを払っているんですか？

税金の種類

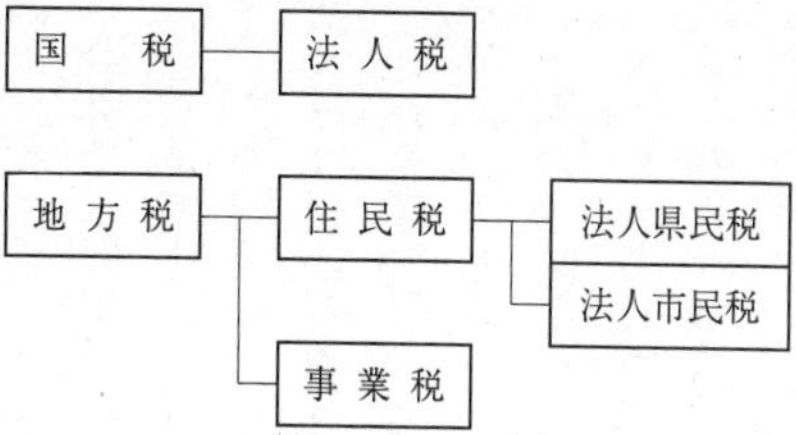

石井　法人住民税というのがあるんですね。ちゃんと払っていますよ。それぞれの税率ですが、資本金一億円超の会社の場合、こうなります。法人税が課税所得に対して三〇%、法人県民税が法人税額の五%、法人市民税が法人税額の一二・三%、事業税が課税所得の一一%かかります。これを総合してどのくらいかかっているかを**実効税率**（実際に課税所得にかかる税率）というもので計算すると、約四〇%。会社の利益の四割近くは税金でもっていかれるということになるのです。けっこう払っているんですよ。ともかく、これだけ負担しているということをまず知って下さい。法人税を理解する第一歩はこれなんですから。

木村　今朝、菅原さんも聞いていましたが、交際費についてですが、交際費は会社の損益計算では費用扱いだが、税金計算上は経費に落とせないと聞いていますが、その関係を教えて下さい。

石井　この問題は少し広げて説明しましょう。

法人税は会社の利益に対してかかるといいました。この会社の利益は今までご説明してきた企業会計の考え方に基づいて計算されるのが普通です。しかし、税金を計算する時には少し違うのです。そのため、税金計算の時には利益のことを「課税所得」という別の用語を使って表現しています。

よくおわかりにならないと思いますが、こういうふうになります。

収益－費用＝利益

これが普通の利益です。一方、税金計算ではわざわざ

益金－損金＝課税所得

と表現します。

収益＝益金、費用＝損金

であれば、会計上の利益と税金上の利益は同じになりますね。それが違うんです。ここが問題なんですね。

利益と所得の違い

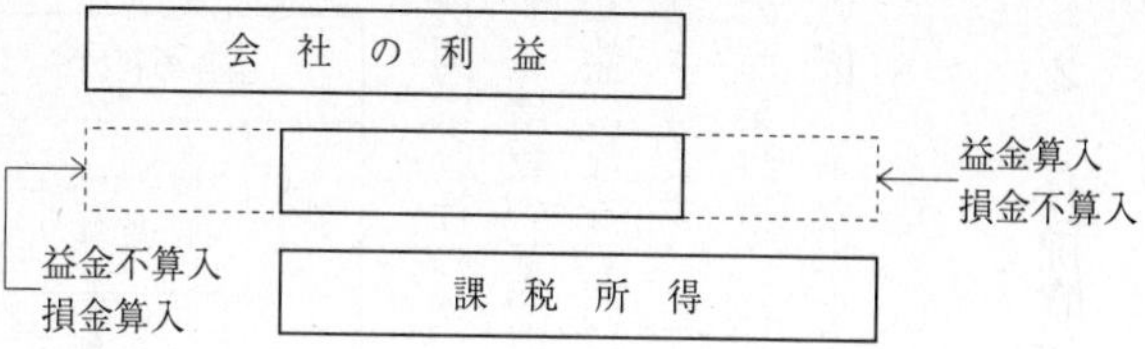

木村　どう違うんですか？

石井　大きくいって四つの違いがあります。図に書きましょう。

まず、利益だが益金にならない。「益金不算入」といいます。次は、費用だが損金にならない。「損金不算入」といいます。三つ目は、利益でないが益金になる。「益金算入」といいます。最後が、費用でないが損金になる。「損金算入」といいます。

ご質問の交際費は、費用だが損金にならないケースですから、損金不算入になるのですね。損金不算入は、一定限度を超えた交際費、寄付金、減価償却費、引当金の計上や税法の基準を満足しない製品の評価下げなどが当てはまります。法人税法はこのように独特の基準や制限を決めています。

こういうふうに税法特有の規定や基準がありますので、会社計算と税金計算で利益が違ってくるのだと理解して下さい。

所得の調整計算

会社の利益	
加算	損金不算入 益金算入
減算	損金算入 益金不算入
課税所得	

この差を調整する必要がありますので、図のような税務計算のための調整計算の仕組みがあります。

松田　こういう差が生ずる根本の違いは一体どこからきているんでしょうか？　難しいんでしょうが、やさしくわかりやすく説明して下さい。

石井　会社の利益計算は、会社の経営者や株主や金融機関に会社の状況を正確に伝えることを目的にしています。経営成績と財政状態に関する情報の基盤になっています。一方、税金計算は課税という税金を徴収するための基盤になるものです。したがって、税金をかけるという課税の公平さがなによりも要請されます。ここに利益を計算する考えの差が生まれます。さらに税金の場合は、国の産業政策、社会政策が税金の形をとって実施されます。この政策的要請が差を生む原因にもなっています。

ちょっと難しいと思いますが、わかっていただけましたでしょうか？

2　有税償却って何ですか？

菅原　最近新聞で無税償却、有税償却という用語がよく出ていますが、その意味を教えて下さい。

石井　こういうふうに理解して下さい。税法の規定通り償却をして損金算入するものが「**無税償却**」、反対に税法の規定よりも多く償却をしたため超過分は損金算入が認められず、損金不算入となるものを「**有税償却**」といいます。

減価償却費に関しては、損金算入が可能な限度額が決まっています。さっきお話しした課税の公平性の観点から、減価償却費については損金算入できる限度額が画一的に決まっているのです。

交際費

法人税法では，交際費を「交際費，接待費，機密費その他の費用で法人がその得意先，仕入先その他事業に関係あるもの等に対する接待，供応，慰安，贈答その他これらに類する行為のために支出するものをいう」と定義しています。法人税法では，会社が交際費を支出した場合には，冗費の節約，社内留保の促進という観点から，原則として全額を損金として認めないことにしています。

交際費は，企業会計上は当然費用ですが，税法の所得計算上は原則として損金にならないのです。しかし，資本金が5,000万円以下の法人の場合は，一定額が損金として認められています。資本金が1,000万円以下は，400万円以下の使った額の90%，1,000万円超5,000万円以下は300万円以下の使った額の90%が損金算入できます。

これを超えて減価償却を行った時は、会社の損益計算では減価償却費全額を負担しますが、税金計算の時には、限度超過分は損金算入できません。会社計算の利益額に償却超過額を加えて課税所得とします。さっき利益の調整計算をするといいましたが、それを行うのです。したがってその超過分には、税金がかかったと同じ結果になります。これを有税償却といいます。

なぜ有税償却を行うのでしょうか？　そうです、技術革新が速い事業は設備などの固定資産をできるだけ身軽にしておく必要があります。そこで、会社計算上のみ償却を早めておくのです。半導体メーカーはよく有税償却をしているといわれています。

3　昔の損が役立っています

小山　税務上の損失は繰り越せると聞いています。昔の損失で今の利益を相殺して税金を払わないでいいという話があるようですが……。

石井　ええ、これは**繰越欠損金の問題**といいまして、非常に重要なルールです。そして不幸にも会社が赤字になった時は、このルールをうまく使うことが絶対必要です。

こういうことです。課税所得がマイナスになった時、税務計算上この欠損金は翌期

繰越欠損金の損金算入

	1年目	2年目	3年目	4年目	5年目	6年目	7年目
所　　得	△1,000	△500	100	200	300	400	500
1年目の繰越欠損金の損金算入			△100	△200	△300	△400	0
2年目の繰越欠損金の損金算入							500
繰越欠損金の損金算入後の課税所得	—	—	0	0	0	0	0

以降五年間にわたって繰り越されます。もし課税所得がプラスになった時、この繰越欠損金を損金として控除することができます。ただし、有効期限は五年ですので、それを忘れてはいけません。

図に書くとこうなります。会社の期間損益は三年目以降黒字になりますが、七年目まで課税所得なし、法人税もなしで済むわけです。

別の言葉でいいますと、当期の損失は五年以内に利益が出て相殺できれば、欠損金×実効税率（約四〇％）だけ税金支出を圧縮できるのです。これはぜひ覚えておいて下さい。

4　特別償却があります

小山　特別償却について説明して下さい。普通の償却に加えて特別に償却ができると聞いていますが、具体的に教えて下さい。

石井　はい、わかりました。「**特別償却**」とは普通の減価償却に加えて特別に償却の上乗せが認められる制度です。特別という意味は、そういう意味です。この特別償却には、支払い税金の繰り延べという節税効果がありますので、少し詳しくお話いたしましょう。

普通減価償却は、法定耐用年数が決まっていて、それにしたがって計算されます。税法が認める範囲内の償却費しか損金算入できません。これを「**償却限度額**」といいます。この限度額以上に償却をすると損金算入が認められず、先ほどの有税償却になってしまいます。

特別償却は、税法がこの限度額以上に償却することを認めるもので、特定の設備に対してのみ認めるものです。公害防止設備とか先端技術設備とか産業政策上の要請にも基づくものです。

やり方は二通りあります。ひとつは、設備を購入した初年度に普通償却の一定割合の償却を上乗せするやり方。もうひとつは、毎年普通償却の一定割合を割り増しして償却するやり方です。

図を見て下さい。この特別償却には次のような節税効果があります。こういうこと

特別償却の効果

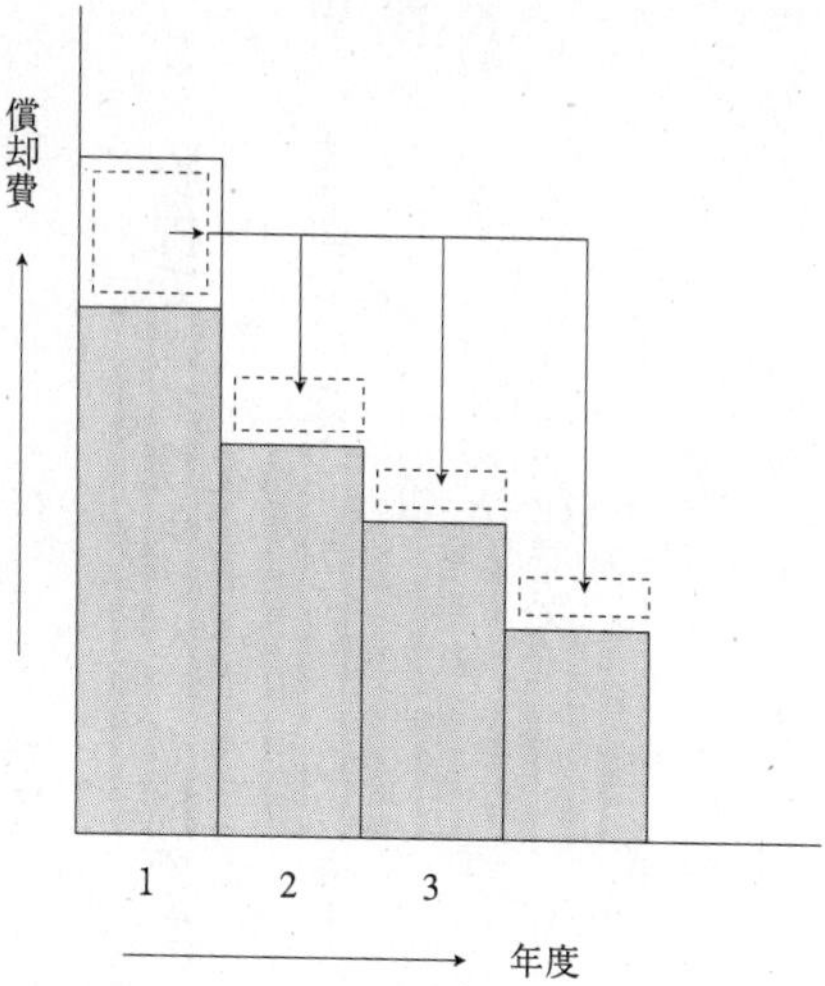

になります。特別償却をやるとはじめのうちは償却額が大きいので費用（損金）が大きく、税金の支払いが少なくて済みます。しかし、あとのほうでは反対に償却額が少なく利益が大きくなり、税金支払いが多くなります。

長い期間を考えれば償却額は同じですが、今払う税金を少なくし、あとで払う税金を多くするという形で税金支払いを後へ繰り延べているのです。その分だけ税金の節約になっているわけです。特別償却の財務効果がここにあります。節税は会社経営にとって大変重要なテーマです。支払い税金を後に繰り延べるというやり方で節税をするのが、節税のひとつのパターンです。これも忘れないで下さい。大事なことですから……。

ちょっと長くなりましたが、特別償却の意味とその財務効果、そして

5　脱税ではありません。節税です

小山　いま節税ということが話題になりましたが、節税は脱税とは違うんですよね？

石井　もちろん違いますよ。この違いはちゃんと理解してもらわないといけません。よく聞いて下さい。脱税というのは、法律に違反して計画的に税金をごまかそうということですね。これは法律違反ですから、やってはいけません。

これに対して節税というのは、法律に沿った形で合法的に税金を節約しようとするものです。ここが大きな違いです。ごまかすのと節約するとの違いでしょうか。この節税の方法には三つの方法があります。

まず第一は、投下資本の早期費用化ということです。資産というのは将来の費用の固まりです。資産という形で長期間持っていないで、できるだけ早く費用化することです。具体的には、固定資産を早く償却するような合法的なやり方を検討し、実施することです。そうすることによって、いま現在の税金支払いを少なくし、税金の支払いを後に繰り延べるのです。

二番目は将来のコスト、将来の損失を先取りしていくことです。これから先に予想される損失を後に繰り越さないで、逆に先取りしていくのです。製品や原料の評価を下げたり、長期滞留品を早く処分することです。よく含み損といいますが、含み損をできるだけ早くはきだしてしまうのです。これも損失を前へ前へと繰り上げて、いま現在の税金支払いを少なくしていくことにつながります。

節税の3つの方法

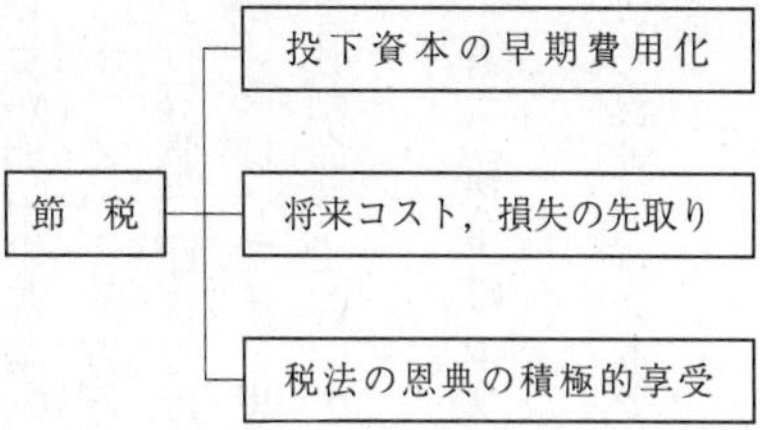

三番目は税法の恩典を積極的に享受することです。税法は、政策的な要請から税金の免除や支払いの繰り延べを認めているものがあります。これを積極的に活用するわけです。たとえば増加試験研究費の税額控除という制度があります。簡単にいうとこういうことです。もし試験研究費が増えた場合、その増えた分の一定割合だけ税金を減らしてあげましょうというものです。試験研究を援助するための政策の一環なんですね。これは、税金の免除の事例です。

支払いの繰り延べは、先ほど説明した特別償却が当てはまります。これは早く償却をして今の税金支払いを少なくするもので、税法で決められています。

以上が節税の基本的な三つの考え方です。細かいことは経理の専門家にまかせるとしても、この考え方だけは知っておいて下さい。会社経営は節税だけが目的ではありません。会社経営に当たる方はもっと重要な仕事がいっぱいあると思います。しかし、節税ということも重要な仕事の一部であることを肝に命じておいて下さい。

6 税金はコストです

木村 税金はコストであるといわれましたが、そこのところをかみ砕いて説明して下さい。

石井 はい。こういうことです。先ほどの節税を支えている柱になる考え方なんですね。

税金は会社が儲けた利益にかかるものです。そしてその利益から支払われますので、おカネが社外に流出していきます。現金が直接社外に出ていくという意味では、普通のコストと同じです。みなさんが、コストを削減し、コストを管理するのと同じように、税金をコストと考え節税に気を配ることが大切です。

会社の利益はみんなの努力の結晶なんです。ここから無駄に税金として社外流出しないようみんなが細心の注意を払うことが大事です。そのためにはまず税金はコストであるという考えをもつことが基本と思います。

さらにいえば、まず利益を生み出すこと、これがなんといっても第一です。そしてその次に税金はコストであると考え、節税に十分留意するべきだ、ということでしょう。

7　申告納税方式です

清水　法人税は申告納税と聞いています。法人税の申告と納付について教えて下さい。

石井　はい、法人税は納税者の申告により確定し、その金額を支払います。こういうやり方を**申告納税方式**といいます。まず申告ですが、**確定申告書**を作り税務署に提出します。この申告書は、株主総会の承認を受けた決算に基づいて作られた申告書のことです。課税標準である所得金額、法人税額などを記載します。貸借対照表や損益計算書も添付します。

松田　提出期限はどうなっているのですか？

石井　えー、この確定申告書は、決算期末の翌日から二か月以内に税務署に提出します。この期限に提出できない時は、申告期限の延長申請をします。特に商法上の大会社の場合は、監査役の監査や会計監査人の監査を受けなければなりません。さらに株主総会で決算が通らないといけません。そこで、一か月の延長が認められています。

清水　支払いも同じですか？

石井　法人税の納付は、申告書の提出期限までにしなければなりません。したがって、決算期末から二か月以内に納付します。申告期限を延長している時は一か月の延長が認められています。もちろん延長に伴う延滞税を支払います。

加納　中間決算があるように、中間申告というのがあるようですが……。

石井　ええ、あります。事業期間が六か月を超える場合は、中間申告書を作って税金を納めます。**中間申告**は次の二つのやり方で計算します。ひとつは期首から六か月の期間を事業年度とみなして仮決算を行い計算します。もうひとつは、前年支払った法人税の二分の一を納める方法です。会社はどちらか有利な方を選ぶことになります。

松田　**青色申告**という言葉を聞いたことがありますが、これは何なんでしょうか？

石井　青色申告というのは、青色の申告用紙で申告するから、そういう名前になっているのです。青色申告は、会社が帳簿や書類をキチンと作り、ちゃんと保存していれば、税務署に申請し承認を受けることによって実施できます。言い換えれば、会社が税務申告をキチンと行うことを税務署に約束するのです。その見返りとして、青色申告会社には次のような特典があります。

・特別償却
・試験研究費が増えた場合の税額控除
・特定の設備投資に対する税額控除
・欠損金の五年間繰越

などです。

8 税務調査はこわくない？

松田 ときどき税務調査というのがありますね。あれは、特に悪いことをしたから調べるというのではないですよね？

石井 もちろんですよ。普通ウチなんかが受けている税務調査というのは、任意の調査でして、特に問題があるから受けているのではありません。これは絶対といってよいくらい本当です。

法人税は、会社が法人税法やその他の法律をにらみながら、取引事実を判断して課税所得と税額の計算をして申告します。さっき説明した通りです。その場合、会社と税務署との間で、事実の判断や法律の解釈に考えの相違や差異が生ずるのです。これは、申告納税をしている限り避けることができないと思います。ここに、税務署としては調査を行い、課税の公平さを維持しようとする方針が生まれるのです。

普通は、会社が申告書を提出すると、提出資料をもとに検討し、税務調査会社を決めるのです。この調査は三〜四日で終わる場合もありますし、何か月も続く場合もあります。いずれにせよ、税務調査は、みなさんが考えるほどこわいものではありません。

9　連結納税制度を知っていますか？

小山　ぜんぜん別の問題になりますが、いいでしょうか？　二〇〇二年度から連結納税制度が導入されるということですよね。この連結納税について説明して下さい。

石井　連結納税は最近かなり議論されるようになりましたね。**連結納税**とは、親子会社間あるいは同一グループ内の会社間で、損益の合算を認める納税制度です。
いまA社、B社、C社からなるグループがあるとしましょう。各社の税引前利益はA社二十億円、B社十五億円、C社がマイナス十億円とします。連結納税でないケースでは、A社の二十億円とB社の十五億円の合計三十五億円がグループにとっての課税所得になります。一方、連結納税ではC社が赤字であることがメリットになります。すなわち、A社二十億円とB社十五億円とC社マイナス十億円の合計二十五億円が課税所得になります。アメリカでは、この連結納税制度が認められています。

横田　まさにプラスとマイナスが合算されるのですね。こういう合算を認める根拠は何なんでしょうか？

石井　それはこういうことです。連結納税制度は、企業の経営形態に対して税制は中立であるべきという考えに基づいています。たとえば、会社の支店や事業部による事業展開と子会社設立による事業展開との間に経済的には本質的な差がない以上、税制は同一に扱わなければならないということです。同一会社内の支店や事業部が赤字の時には他の部門の利益と相殺できます。しかし、子会社の場合には相殺ができず支払税額が増えることになります。中立性に欠けるというのはこのことです。ここが、連結納税のポイントです。

菅原　この連結納税が議論される背景は、連結決算にあると聞いたことがありますが、本当ですか？

石井　たしかにそうです。アメリカでは親会社の出資が八〇％以上の子会社については、その損益を合算して納税することになっています。EUでもいろいろな形態で採用されています。日本でも連結経営、グループ経営が叫ばれ、本格的に連結決算の時代を迎えたわけですね。それから、いま話題になっている持ち株会社制度も、連結納税制度が認められないとメリットが少なくなってしまう、といわれます。赤字の事業部門を戦略子会社として切り離そうとしても、税務上のメリットがなければ意味がないということです。経団連などが、連結納税制度を導入すべしというレポートを出したのも、そういうことが背景にありました。

そして、小山さんがいわれたように、二〇〇二年度から導入されることで、具体化に向けて進んでいるというわけです。

10　タックス・プランニングはかっこいい？

木村　今回の講座ではなかったかもしれませんが、前に石井さんが盛んにタックス・

プラニング、タックス・マネジメントが大切だといっていましたが、もう一度わかりやすく説明して下さい。

石井　はい、よく覚えておられましたね。**タックス・プラニング**はタックス・マネジメントともいわれています。合理的に節税を企画し、税金コストを最小化しようということです。会社ではいくつかの経営計画を立てますが、その経営計画の段階から事前にタックス・プランを考えていこうとするものです。販売、購買、設備投資等の計画を立てる時に、税務上問題はないか、税務上最も有利な方法は何かなどを慎重に考えて計画に反映させていこうとするものです。

木村　そのことは、会社を作る時や合併をする時によくいわれますね。税金上のメリットをどううまく取り込んでいくかは、重要なことですからね。

石井　そうですね。特にプロジェクトの検討、会社の設立、合併、解散等の検討に際しては、タックス・プラニングは忘れてはならない要素です。また、海外での事業展開の場合は、国際的観点から税金を考えていくことが不可欠です。国際税務もこれから重要になってきますね。

石井　税金に関してはまだいろいろ質問があろうかと思いますが、一応この辺で終わりにしたいと思います。

石井　これで第一日目の研修はすべて終了しました。非常に長い時間にわたる研修でお疲れと存じます。大変熱心に聞いていただきありがとうございました。まだまだお話したい点もあります。みなさんもお聞きになりたい点がまだあると思います。夜の懇親会の席にでもまたお話合いをしたいと思っていますので、ひとまず解散しましょう。

6

ウチの強みと弱みを知る

——経営分析を学ぶ

1 商売敵とウチはどちらが強い？

石井　みなさん、おはようございます。きょうは研修会の二日目です。昨日はP／L、B／Sを中心に財務会計の基本について勉強しました。基本的なことですが、大変重要なことを取り上げてお話いたしました。今後、会社の経営に直接携わるみなさんにとって必要不可欠なことがらを、バッサリと枝葉を切って幹だけにしぼってお話いたしました。講師からいうのも変ですが、これからのお仕事に必ず役立つものと確信しております。単に経理知識だけでなく、経営することの重要性を経理という観点から説明させていただきました。二日目の今日もそういう視点で勉強していきたいと思います。

えー、ところで今日は、まず最初に経営分析のお話をします。その次に、経営に役立つ経理をめざして管理会計の話をしたいと思っています。昨日の基本をベースに、その応用編というふうにご理解下さい。それではさっそく「ウチの強みと弱みを知る」と題して経営分析の話に入りたいと思います。

私たちは会社の状況を手で触ったり、目で見たりして知ることはできません。もちろん漠然とイメージとして会社の状況を知ることはできます。しかし、そこまでです。そこで登場するのが財務諸表といわれるものですね。昨日お話ししましたように損益計算書や貸借対照表がその役目を果たしてくれるわけです。これらの財務諸表は会社の実態を数字を使って写し出してくれるものです。これを「写像」といいますが、実態を写し出す写像なんです。損益計算書は会社の経営成績を写し出していますし、貸借対照表は会社の財政状況を写し出しているのです。まさに写像なんですね。

そこで、この損益計算書や貸借対照表を分析することによって、会社の経営状態を分析することができるわけです。これが「財務分析」とか「経営分析」とかいわれるものです。写像を通して実態を分析するのです。財務諸表はいわば数字の宝庫です。この数字をいくつかの角度から眺めて、比較したり、比率を作ってみたり、並べ換えてみたりすることによって、いろいろなことがわかるのです。

松田　具体的には、どういうふうに分析するんでしょうか?

石井　いくつかのやり方がありますが、一般的には次のような分析方法がとられます。ひとつは「**比率分析**」といわれるものです。この比率分析には、相互比率分析、構成比率分析、趨勢分析があります。

「相互比率分析」はこういうことです。たとえば貸借対照表の項目の相互関係を分析します。ここところの相互関係比率を取り出して流動比率、これとこれの比率をとって固定比率という具合です。詳細はあとでご説明いたします。「構成比率分析」は、損益計算書や貸借対照表のある項目が全体に占める割合を分析します。売上高と経常利益を取り出して売上高経常利益率、総資産に占める自己資本を取り出して自己資本比率といった具合です。「趨勢分析」は特定の項目の数値を長い期間にわたって比較し、ある点を一〇〇として指数化して分析するわけです。

これらが比率分析といわれるものです。

もうひとつの方法が「**実数分析**」といわれるものです。これは数字の絶対値を分析するもので、売上高や損益を対前期比較して増減を分析するものです。比較損益計算書分析や比較貸借対照表分析といわれています。

小山　今の話はいってみれば形式的な方法論ですね？　問題はいったいどんな内容を取り出して分析するかということだと思います。そこを説明して下さい。

石井　はい、これから何をねらって分析するか？　分析のねらいとその意味についてご説明いたします。

分析のねらいは、大きくいって四つあります。ひとつは収益性。どれくらい収益力があるかという分析です。二つ目は効率性。どれくらい効率よくおカネを使っているか、無駄なくおカネが使われているかという分析です。三つ目は安全性。会社の支払い能力は十分か、おカネはとどこおりなく流れているかどうかの分析です。四番目は成長性です。将来にわたって会社はちゃんと成長し、活躍しているかどうかの分析です。

財　務　分　析

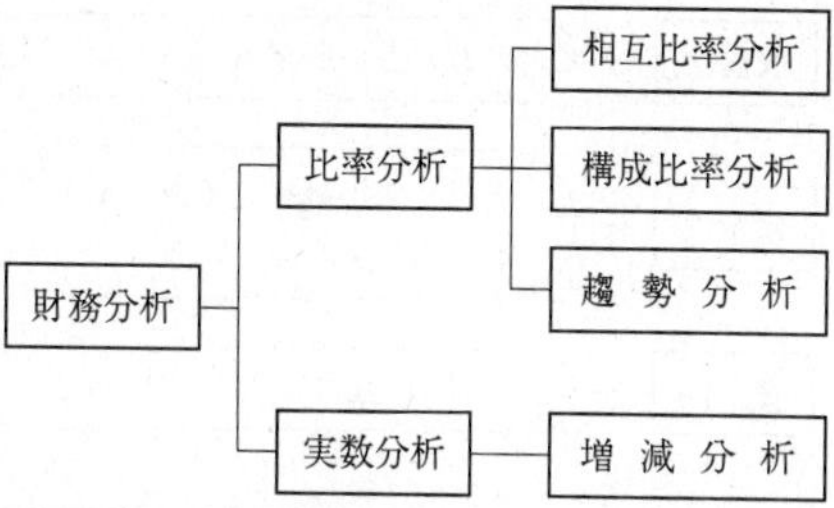

これから収益性、効率性、安全性、成長性について分析していきたいと思います。こういう分析は、自分のところだけ取り上げてもあまり有効ではありません。同業他社、ライバル会社、勝ち組会社等と比較してみることが肝心です。できるだけライバル会社と比較して分析していきたいと思います。そうすることによって初めて「ウチの強みと弱みを知る」ことができるのです。これこそ今日のメインテーマですからね。

分析のねらい

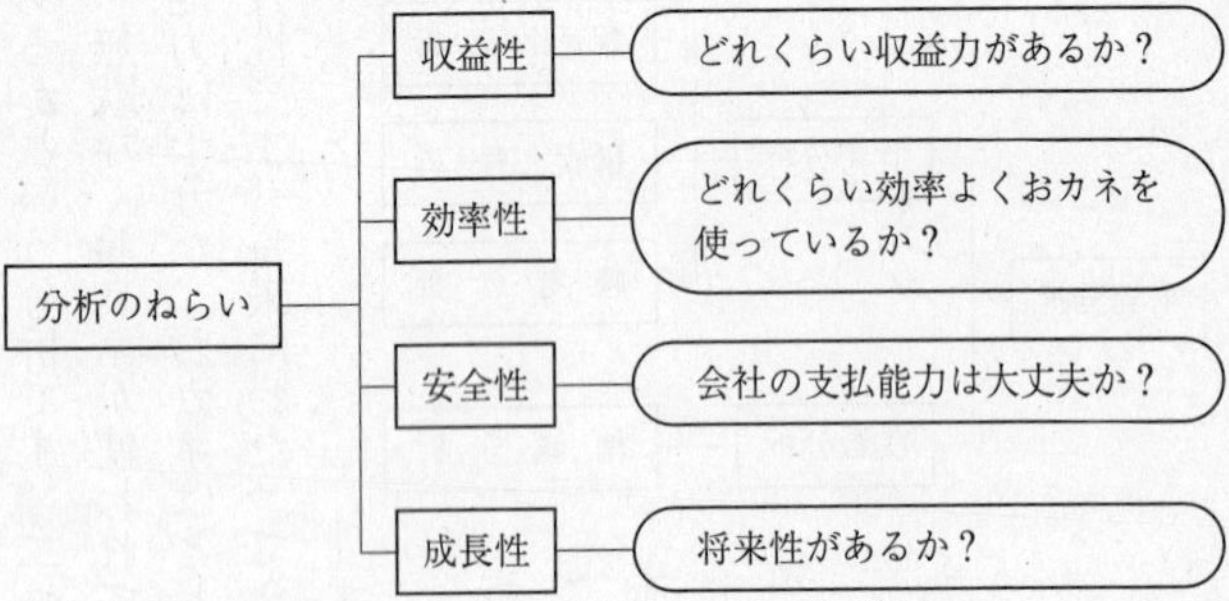
分析のねらい
収益性
どれくらい収益力があるか？
効率性
どれくらい効率よくおカネを使っているか？
安全性
会社の支払能力は大丈夫か？
成長性
将来性があるか？

2　ほんとうはどちらが儲けているか？

石井　では収益性の分析に入ります。清水さん、収益性といった時にどんな指標を思い出されますか？

清水　そうですね、売上げよりも利益が大事ですから、売上高に対する利益の割合。そう、そう、売上高利益率でしょうか？

石井　売上高利益率はたしかに大事な指標ですね。ふつう収益性を考える時、こういうふうに考えます。インプット量に対してアウトプット量が大きいほうがまず良いと考えます。収益性という場合、このインプット、アウトプットになるものは何でしょうか？　会社の場合は、投下された資本がインプットで、利益がアウトプットでしょう。元本に対する果実の関係ですね。したがって、投下資本利益率

（当期利益／投下資本）がその指標になるのです。

で、この投下資本利益率をさらに分解すると

$$\frac{当期利益}{売上高}\times\frac{売上高}{投下資本}$$

という式に分かれます。売上高利益率と総資本回転率に分解されます。収益性はこの二つの要素から成り立っているといえるわけです。さらにいいますと、売上高利益率は損益のマネジメントの結果であり、総資本回転率は資産のマネジメントの結果を表しているのです。

ここは非常に大事なところですので、白板に書いてみましょう。ここのところをさらに細かく分解していくと、この図のように展開していきます。売上高利益率が損益のマネジメント、総資本回転率が資産のマネジメントの結果であることが、よくわかると思います。

加納　今おっしゃった回転率ということの意味がよく飲み込めませんので、説明して下さい。

石井　はい。回転率は、一定期間のフローの額をその期間末のストックで割って出し

投下資本利益率

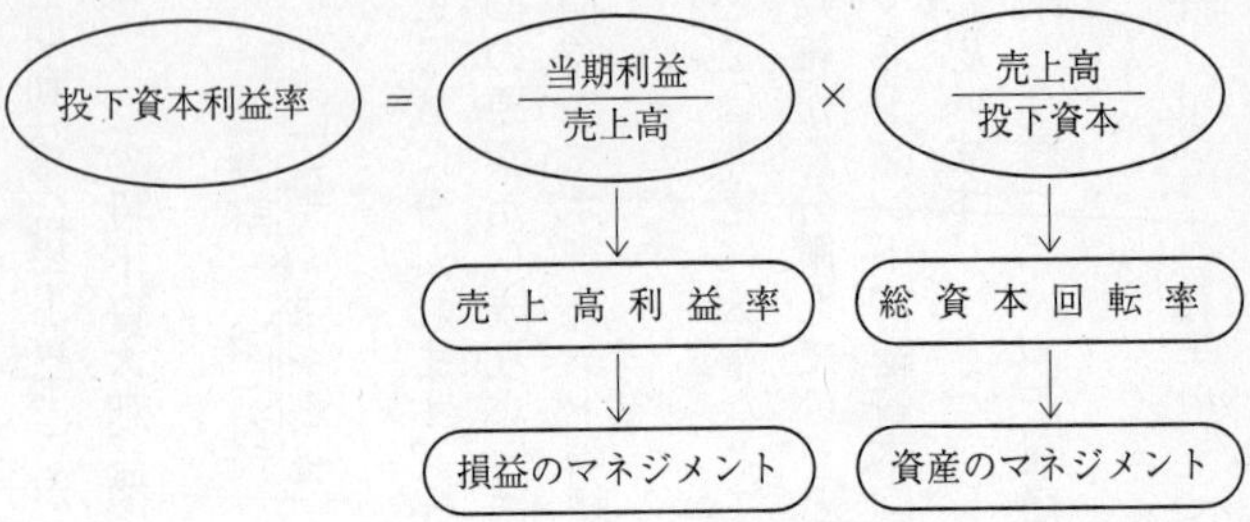

ます。この一定期間のフローというところに時間の概念が入っているんです。この場合、一年間の売上げに対してストックとしての資本がどのくらいあったのか？ その活動状態はどうなのか？ を回転率という形で表しているのです。

石井 では、まず売上高利益率のほうから入って行きたいと思います。総資本回転率につきましては、この次のところで、効率性の観点からご説明いたしたいと考えています。さらに、いまの加納さんのご質問についてわかりにくいと思いますので、そこでまたお話いたします。

売上高利益率の分子の利益につきましては、昨日ご説明しましたようにいくつかの種類があります。その種類別に売上高利益率を出しますと、それなりに意味のある指標がとれます。ところで、小山さん、どんな利益があったか覚えていらっしゃいますか？

小山 そうですね、営業利益、経常利益……特別利益

売上高利益率

$$売上高総利益率=\frac{売上高-売上原価}{売上高}$$

$$売上高営業利益率=\frac{売上総利益-販売費及び一般管理費}{売上高}$$

$$売上高経常利益率=\frac{営業利益+営業外収益-営業外費用}{売上高}$$

……というくらいです。

石井　はい。損益計算書の上の方から売上総利益、営業利益、経常利益、当期利益等等ですね。この順番は、ある意味で当期利益が計算される順番を表していますので、この白板の図のように追いかけていくと、それぞれの利益率の意味がよくわかると思います。

最初の売上高総利益率は、

$$\frac{売上高-売上原価}{売上高}$$

という式ですので、その会社の生産効率、技術力、購買力、製品開発力等が表れてきます。なぜならば売上原価のところに、その会社の力が集約されているからです。生産会社にしろ販売会社にしろ、それは同じです。

次の売上高営業利益率は

$$\frac{\text{売上総利益}-\text{販売費及び一般管理費}}{\text{売上高}}$$

の式になります。営業利益は会社の本業の儲けを表します。さらに一般管理費、販売費の差がここによく表れます。販売費は広告宣伝費等の極めて政策的なものが多いと思われます。営業部門の人やコストが売上げの規模に比べて大きすぎないかどうか、同業他社と比較するとよくわかると思います。また、一般管理費は本社の費用が大半です。単に本社費用が大きいかどうかでなく、意思決定が早く、効率の良いいわゆる「小さな本社」かどうかも検討してみないといけないでしょう。

売上高経常利益率は

$$\frac{\text{営業利益}+\text{営業外収益}-\text{営業外費用}}{\text{売上高}}$$

の式になります。営業利益から金融収支を差し引いたものですから、ここに会社の財務内容が集約されています。したがって、同業他社と比較して、営業利益率が同じくらいなのにここで低くなるのは、まさに会社の財務体質の差が出ることになります。

　このように売上高利益率は、いくつかのレベルの利益率に分けられます。その一つひとつについて、ライバル会社と比較すると大変おもしろい結果が出ます。そして、ウチの強みと弱みが少しずつ浮かび上がってくると思います。

3　どっちが効率的か？

石井　以上が売上高利益率に関する説明です。損益計算書の構造を思い起こしながら考えるとよく理解できるはずです。次はもう一方の要素、総資本回転率についてお話いたします。ここでいう総資本は総資産と同じですので、総資産の意味で使って下さい。
　総資本回転率の式は

$$\frac{\text{売上高}}{\text{総資産}}$$

です。分母の総資産は、B／Sの資産合計のことです。したがって、今度は貸借対照表を思い出して下さい。清水さん、資産は貸借対照表の右側でしたか？　それとも左側でしょうか？

清水　右側でしたっけ？

石井　いや、違います。左側ですよ。清水さん、左側の資産は何を表しているものなのか覚えていらっしゃいますか？

清水　それは大丈夫、覚えています。左側はおカネが何に使われているか、おカネの使途状況がのっています。それで、右側はおカネがどこから調達されたか……を示している。だから、左と右の金額が一致する、でしたね？

石井　はい、そうです。この資産は、おカネが姿を変えていろいろなものになっているわけですね。そこで、小山さん、資産の中身を思い出して下さい。どんなものが並んでいましたっけ？

小山　たしか製品とか原料とかの棚卸資産。それと機械、建物等の固定資産。それに売掛金、受取手形等があったはずです。

石井　そうですね。左側の資産はいくつかの箱に区分されて並んでいます。昨日説明した通りです。これらはみんなおカネが姿を変えたものでした。したがって、総資産はいくつかに分類して考えることができるのです。これは、あとで使いますので覚えておいて下さい。

次は、回転率に関して説明いたします。先ほど加納さんからご質問がありました。総資本回転率は

$$\frac{\text{売上高}}{\text{総資産}}$$

という式で年間の売上高に対して何回転しているかを表しています。しかし、ちょっとわかりにくいので、回転期間の考え方に変えたいと思います。すなわちこういうふうになります。回転期間の式は

$$\frac{\text{総資産}}{\text{売上高}}\times 12\text{か月}$$

ですので、何か月分に対応するかを示します。ちょうど回転率の逆数で、期間が長いほどそのものがいっぱいあるというわけです。これからは、回転期間で話を進めます。

石井　総資産はいくつかの中身に分解できます。売上債権、棚卸資産、固定資産等に分けて回転期間をみると、問題がよく分析されます。

まず売掛債権回転期間です。これは、

$$\frac{売掛金＋受取手形}{売上高}\times 12か月$$

という式で表されます。売上高債権の代金が何か月で回収されるか、回収のスピードがわかります。滞留債権、不良債権があると回転期間が長くなります。しっかりした販売組織を持っているか、販売力や商品力の差がここに出ます。回転期間が長いということはおカネが先方で寝ている期間が長いということになるんです。ライバルと比較するとおもしろいと思います。

次は棚卸資産回転期間です。この式は、

$$\frac{製品＋商品＋仕掛品＋原材料}{売上高}\times 12か月$$

です。原料とか製品の棚卸資産が何か月分あるか、何か月で販売されてなくなるか、を示します。きのう何回もいいましたが、棚卸資産はおカネが姿を変えて倉庫に寝ているわけです。したがって、できるだけ在庫を少なくすることが肝心です。

デリバリーを担当する方にとってはモノがいっぱいあればいいんですが、モノでなく一万円札が並んでいると考えて欲しいと思います。資金、おカネのマネジメントの典型例ですね。棚卸資産回転期間はいろんなことを教えてくれます。

小山　回転期間でみるとよくわかりますね。いずれにせよおカネが別の形で滞留しているわけで、このサイクルを短くすることが第一ということだな。要するにムダを抱えない。売掛金はできるだけ早く回収する……。

加納　わたしは単身赴任なんでよく回転寿司屋に行きますが、いままでの回転期間の話を聞いて、回転寿司屋を思い起こしました。あの回転寿司屋は、握ってすぐ食べさせて、食べ終わったら現金を受け取って、はい、まいどあり……こういうふうに回転をよくすることが大事ということですね。

石井　回転寿司屋のイメージは正しいと思います。あんまり在庫を持たず、生産したらすぐ販売。そしてすぐ集金。これです。回転寿司のイメージを忘れないで下さい。

回転期間の分析が教えてくれるポイントは次のようなことです。ムダなものを抱えないで、貸借対照表の左側を小さくする。資産を少なくして筋肉質の会社にする。資産、資本の利用がスピードアップする。その結果、総資産回転期間が短くなり利益率が上がってくる。こういうサイクルで会社の状況が目に見えて良くなってくるんです。

4 どっちが不況抵抗力があるか?

石井 今まで収益性の分析を行うために売上高利益率と総資本回転率を勉強してきました。損益計算書と貸借対照表の左側を使って分析がなされました。一方は損益のマネジメント、他方は資産のマネジメントにつながっていることが、よくおわかりになったことと思います。

それでは今度は、会社の財務安定性についてご説明いたします。**財務安定性**というとえらく難しく聞こえますが、要するに会社の支払能力とかおカネが円滑に回っているかどうか、の問題です。

おカネの回り具合ですので、当然貸借対照表が関係してきます。ここで、B/Sの復習をまたしてみたいと思います。松田さん、バランスシートの右側と左側は何がのっていましたっけ?

松田　右側はおカネの調達源泉。左側はそのおカネの使途状態が表されています。これは、もう覚えました。

石井　はい。そこで次の質問ですが、右側、左側にいろいろな勘定項目が並んでいます。この並び方の順番はどういう順番なのか覚えていらっしゃいますか？

おカネになる順番とおカネを支払う順番

資　産	負　債
流動資産 ① ② ③ ↓おカネになる順番	流動負債 ① ② ③ ↓おカネを支払う順番

松田　えーと確かこうでした。左側は上からおカネになる期間が短い順番で、右側はおカネを支払う期間が短い順番だったと思います。

石井　そうですね。左側がおカネになる期間が短い順、右側がおカネを支払う期間が短い順ですから、この左と右の関係をよく見ることによって会社の支払能力とかおカネの回り方がわかるのです。

菅原　きのうの話で、流動資産はすぐおカネになる資産……確か一年以内でしたっけ……流動負債も一年以内に支払うべき負債だから、これを比較するだけでも支払状況がわかるということです

流動比率

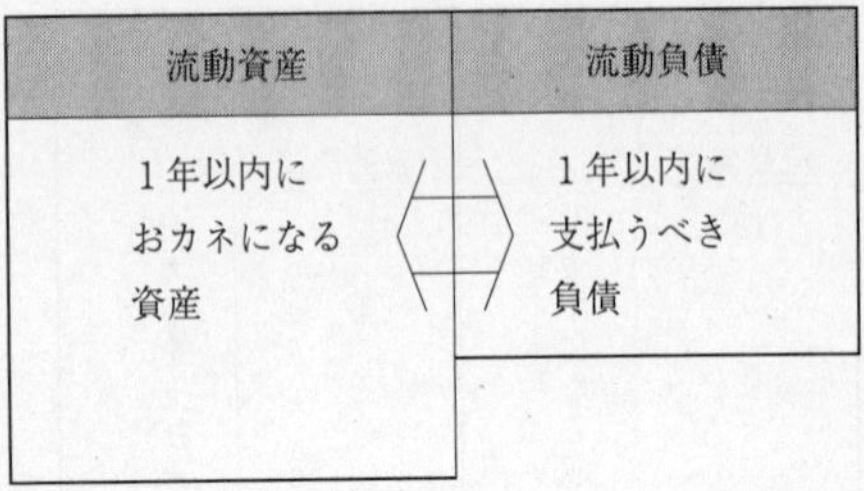

ね？

石井　流動資産と流動負債はそういうことですので、この差額が重要です。図のように差額がプラスであればそれが支払能力を表すものになりますね。入ってくるおカネで出ていくおカネをまかなえるわけですから。

この流動資産と流動負債の比率を「**流動比率**」といいます。流動比率は会社の短期の財務安定性を表します。また短期の不況抵抗力を示す指標ともいわれています。この値が二〇〇％以上あれば立派なものといわれています。

菅原　しかし、よく考えるとちょっと問題ありという感じがします。それは、流動資産は一年以内におカネになるといってもその確証はないんですよね。さっきから話の出ている棚卸資産なんかは一年たっても売れないかもしれません。だから、この流動比率をあまり強調するのは間違いじゃないかな……そんな気がします。

石井　いや、まさにそうなんです。おっしゃる通りです。そこで、さらにもっとシビアーな比率が考えられました。「当座比率」というものです。これは、流動資産の中にいまご指摘の棚卸資産が入っているのでそれを引いたもので比率を出します。

これらはみんな会社の短期の財務安定性を診断しようとするものです。じゃー長期の財務安定性は何で判断するのでしょうか？　これからこの長期の財務安定性について説明いたしましょう。

当座比率

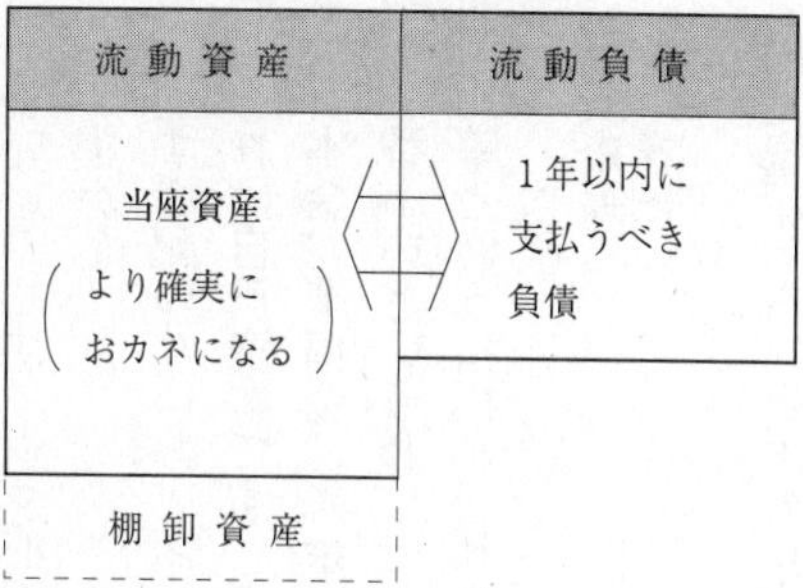

木村さん、資産の中で長期におカネが寝てしまうものは何でしょうか？

木村　B／Sの左側の上の方は流動資産で、比較的早くおカネになっていきますから、順番からいくともっと下の項目……そう、そう、固定資産なんかだと思います。

石井　はい、ご名答です。設備投資をしますとおカネは長期間にわたって固定し寝てしまいます。流動資産のように短期におカネにはなりません。木村さんのおっしゃる通りです。したがって、固定資産をまかなうおカネの出所は、返す心配のいらないおカネが一番いいのです。返す心配のないおカネとは何のことでしょうか？　松田さん、いかがですか？

松田　返す心配のないおカネ……よくわかりません。

石井　それは自己資本です。これこそ返済に追われない最も安定した資金です。自己資本は資本金、準備金、剰余金から成り立っています。これらを元手に設備投資をするのが一番よいというわけです。

固定比率という指標があります。式は

$$\frac{\text{固定資産}}{\text{自己資本}}$$

で、固定資産と自己資本の比率で、固定資産がどの程度自己資本でまかなわれているかを示す比率です。

菅原　しかし、いまは設備投資の規模も大きく、設備更新の期間も短いので、自己資本の枠の中で設備投資をするのは無理ではないでしょうか？　財務的には自己資本が一番いいはずだと思いますが、それではやっていけないと思うんです。どうでしょうか？

石井　そうですね。だからこの固定比率は理想型でして、実際はこんなことはできません。そこで出てきたのが、「**長期適合比率**」という比率です。設備投資は自己資本と社債や長期借入金でまかなうと考えて、

$$\frac{\text{固定資産}}{\text{自己資本}+\text{固定負債}}$$

こういう式になっています。

これが一〇〇％以下であれば、財務安定性があるといわれています。

小山　自己資本比率は大変重要な比率だと聞いていますが、今までの話とのつながりでどうなんでしょうか？

石井　自己資本比率は総資産に占める自己資本の割合をいいます。式は、

$$\frac{\text{自己資本}}{\text{総資産}}$$

固定比率

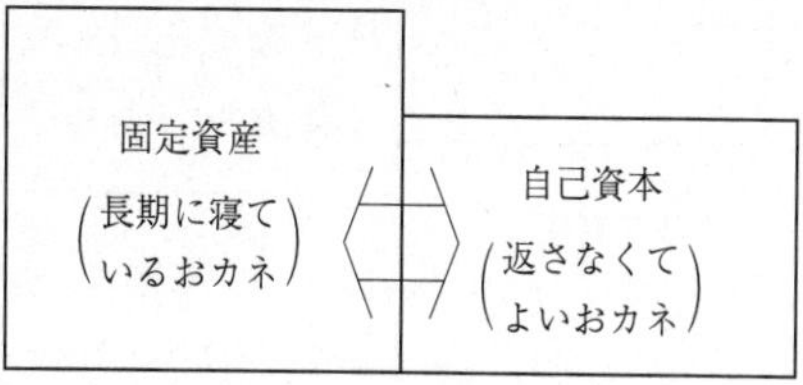

長期適合比率

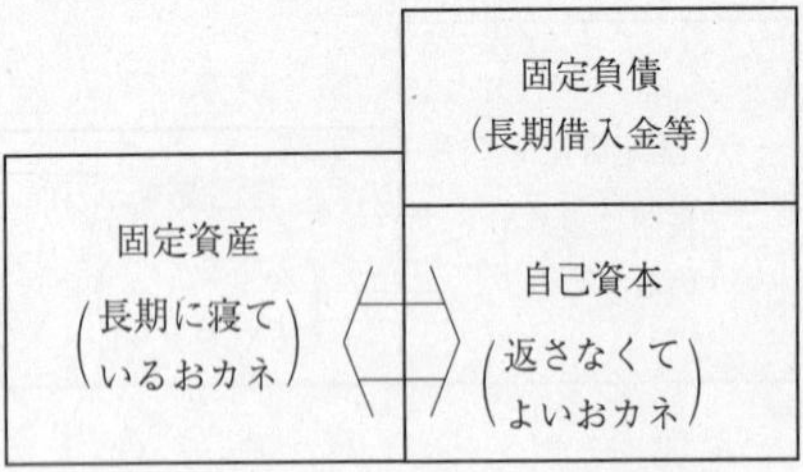

です。自己資本は資本金と準備金と剰余金ですので、返済する必要がないものです。したがって、自己資本比率が高ければ安全性が高いといえます。

逆に自己資本比率が低いということは、設備や投資等の固定資産や、在庫や売掛金等の運転資金が他人のおカネでまかなわれているわけで、好ましくありません。借入金の返済に追われ資金繰りが苦しいし、金利負担も大きく不景気になると大変苦しいということになります。

しかし、自己資本比率は単に財務安定性というだけでなく、会社の実力すべての結果を表す総合指標と考えたほうがよいと思いますね。毎年のフローの成果が積もり積もって、すばらしいストックを生み出した結果が、この自己資本比率に表れていると考えるべきだと思います。

そろそろ財務安定性の説明を終えたいと思います。まだ何か質問したいという方いらっしゃいますでしょうか？　特になければ、これからウチとライバル会社の比較分析を行いたいと思います。今までご説明した分析方法を使って比較してみようと思い

自己資本比率

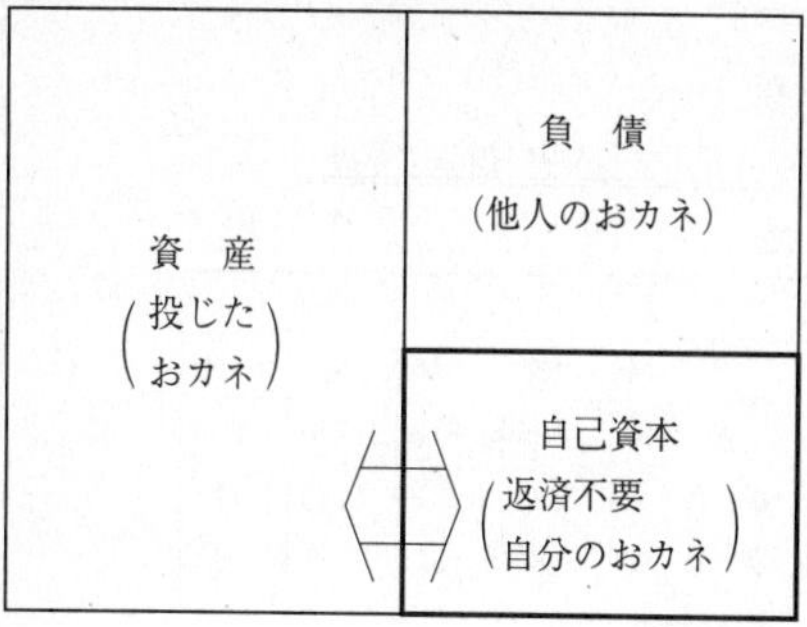

ます。

石井　それでは、資料番号9番、10番を見て下さい。ここにモデルとしてウチとライバル会社の損益計算書と貸借対照表の要約版がのっています。これを使って経営分析を行い、ライバル会社に比べてウチがどの程度の実力があるのかを検討して下さい。今日のテーマである「ウチの強みと弱み」を分析していただきたいと思います。えー十五分間の時間を差し上げますので、今まで説明した知識を使ってトライしてみて下さい。

（みんな真剣に下を向いている。）

石井　はい、十五分経ちましたので、こちらを向いて下さい。松田さん、一言でいうとどういうことがいえるでしょうか？

松田　いやー、随分と差があるものですね。びっくりしました。売上げはウチのほうが約一割多いんだけどなー。まず、収益面ですが、売上高利益率はウ

資料9

ウチとライバルの損益計算書

(単位：億円)

項　　目	ウチ		ライバル	
売上高	950	100	865	100
売上原価	825	86.8	740	85.5
売上総利益	125	13.2	125	14.5
販売費及び一般管理費	82	8.7	75	8.7
営業利益	43	4.5	50	5.8
営業外収益	16	1.7	14	1.6
営業外費用	38	3.9	12	1.4
経常利益	21	2.3	52	6.0
特別利益	3	0.3	1	0.1
特別損失	2	0.2	2	0.2
税引前利益	22	2.4	51	5.9

資料10

ウチの貸借対照表

（単位：億円）

流動資産	1,004	58.0	流動負債	972	56.2
当座資産	808				
棚卸資産	196				
固定資産	719	41.6	固定負債	312	18.0
有形固定資産	592				
投資等	126		資本	446	25.8
繰延資産	7	0.4			
合計	1,730	100	合計	1,730	100

ライバルの貸借対照表

（単位：億円）

流動資産	926	56.1	流動負債	396	24.0
当座資産	816				
棚卸資産	110				
固定資産	724	43.9	固定負債	312	18.9
有形固定資産	529		資本	942	57.1
投資等	195				
合計	1,650	100	合計	1,650	100

チが二・四％に対しライバルが五・九％と二倍の差があります。これは相当な差で、ショックでしたね。あの会社はいいものを持っているからね……。

石井　その差をさらに分析してみて下さい。清水さん……。

清水　まず売上高総利益率は、一三・二％に対し一四・五％で負け。特に大きな差が出てくるのが、売上高経常利益率でウチが二・三％、ライバルが六・〇％。ここですね、違いは。

横田　そう、そう、この営業外費用というのは主として支払金利のはずだから、支払金利負担の差が勝負を決定的なものにしているのだね。だって、向こうは金融収支がプラスだもの。すごいもんだよ。それにひきかえウチは、借入金が多いからね。

菅原　金利以外でもやっぱり差がありますよね。ウチのほうが売上高原価率が高い、言い換えると売上高総利益率が低いのは、こういうことでしょうか。つまり向こうは、収益性の高い商品分野のウエートが高くシェアが大きい。販売構成がウチより良いからでしょう。製造原価が高いとは思いません。

石井　損益面ではいま話が出た通りと思います。残念ながら事実です。じゃー、財務面ではどうでしょうか？　収益面、フロー面の差は当然、財務面、ストック面の差となって表れているはずです。木村さん、いかがでしょうか？

木村　さっき勉強した流動比率とか自己資本比率を使えばいいと思いますが……。まず流動比率はウチが一〇三、ライバルが二三四。当座比率が八三、二〇六です。ウチの財務安定性は向こうに比べてかなり悪いといわざるをえません。これでウチは大丈夫なのかと正直なところ心配になりましたね。

小山　さらに固定比率も一六一対七七で圧倒的にライバルがいいですね。これは、ウチが依然として借入金が多く、借金の固まりがずーっと残っているためでしょうか。バブル時代のあの巨額の設備投資のツケが依然として尾を引いているからでしょうか。あの時は、ほんとに苦しかったからね。今はだいぶ良くなってきたと思っていましたが、やっぱりまだまだですね。

加納　自己資本比率を見ると、そのことが歴然とわかるね。ウチは二五・八％、あちらは五七・一％。残念だけど完全にシャッポを脱がないといけないね。

石井　みなさんからお話があったように、ウチは財務体質がかなり悪いといわざるをえません。結局、今までの収益面の弱さが積もり積もって、現在の財務体質の弱さになっているのだと思います。

最近、業績はずいぶん良くなってきましたので、このまま低空飛行が続くとは考えられません。

ひとたび良い方向に会社が回り出しますと、加速度的に改善していくものです。前に「めざせ儲けの良循環」でお話しましたように、いくつかの経営改善が実って飛躍的に業績をあげていく会社がいっぱいありました。そうです。「儲けの良循環」の仕組みが回転するのです。ですから、ウチも悪い、悪いと嘆くだけでなく、「儲けの良循環」を作り出すためにどうしたらよいかを考え、実行していくことが肝心と思います。

石井　以上でウチとライバル会社の比較検討を終えます。経営分析の応用編として、それなりの意味があったと思います。次は、成長性の分析に入ります。

5　五年先も大丈夫か？

石井　今まで収益性とか安全性について分析してきました。これらの問題はどちらかというと現在の今の会社の力がどうなのかを説明するものです。あくまでも今の状態が中心です。

しかし、会社は将来に向かって活動しているのです。会社の成長性、将来性はどうなのか？　こっちのほうが重要であり、みなさんの関心もここにあるはずです。会社が発展する力はどこにあるのか？　その力を生み出す源は何なのか？　会社の成長性、将来性を分析するポイントはここにあると思います。

そうはいっても、このテーマは非常に難しいものです。しかも、経理データを使っての分析となると、それほど切れ味の良い分析ができるとは思えません。かなり弱気な前口上になっていますが、オーソドックスな成長性分析についてお話いたしましょう。

成長性を見るにはまず伸び率を分析することです。売上高の伸び、利益の伸び……です。売上高成長率、経常利益伸び率等の指標が代表です。結局、過去、現在の成果をベースに将来を見ることになりますので、こういう手法になります。

さらに売上高の中をセグメント別に切り分け、セグメント別の構成比を分析することによって会社の成長性を見ることもひとつの方法ですね。

次は、将来の新製品開発等にどのくらい力を入れているのかを見ることでしょう。その意味で試験研究費を分析します。試験研究費の伸び、売上高に占める試験研究費の割合――売上高研究費比率、試験研究費がどういう分野に使われているか？　これも重要ですね。

そしてヒトや組織の若さ具合を見ることが大事です。従来からの財務分析からはなかなかわからない点ですが、本当はこういうところに成長のカギがあるのかもしれません。役員の平均年齢、従業員の平均年齢、組織のあり方等を見てみましょう。

木村　この辺がいわゆる財務分析の限界なんでしょうね？　会社の財務諸表データを中心に分析できるところは、やっぱり今まで説明していただいた収益性とか安全性のところでしょう。今の成長性、将来性となるともう少し総合的で、財務データ以外のファクターをいっぱい入れて検討しないとダメでしょうね。

石井　そうだと思います。そうなるともう財務分析ではなく、会社そのものの分析であり、総合的な企業分析が必要だと思います。

その意味でおもしろい分析がありましたのでご紹介いたします。資料番号11番の「日経プリズム」という多角的企業評価システムです。新聞情報によればこれは多面的な角度から会社を分析し、総合的な会社の姿を点数で評価し描き出したものです。会社は、ヒト、カネ、モノ、情報の集まりで、環境の変化に対応して将来に向かって活動をし続ける人間の集合体です。日経プリズムはこの会社をいくつかの角度から分析、合計の指標を作って点数をつけています。具体的に説明すると次の通りです。評価基準は「収益・成長力」「社会性・柔軟性」「若さ」「開発・研究」の四つの因

資料11

ホンダ「優れた会社」首位

2000年度本社評価「プリズム」 成長力・環境を重視

日本経済新聞社と日経リサーチが共同開発した多角的企業評価システム「PRISM（プリズム）」による二〇〇〇年度の「優れた会社」ランキングは、ホンダがトップとなった。第二位はTDK、第三位はアドバンテストと続いた。評価基準は「収益・成長力」のほか、公器としての役割や倫理を重視したため、環境配慮などの社会貢献度や公正取引対応など「社会性・柔軟性」で評価された企業が上位を占めた。（上位三百社ランキングなど関連特集28、29面に）

ホンダは前年度の六位から初めて首位に躍進した。同社は北米の好調な自動車販売などを反映して「収益・成長力」が九十六点（百点満点）を獲得した。海外投資家への対応やブランド力なども評価され「社会性・柔軟性」でも高得点となった。

二位のTDKはインターネットの活用で先行しているうえ、海外展開でも進んでおり、「社会性・柔軟性」でホンダを上回る得点を集めた。「収益・成長力」でも情報技術（IT）投資の高まりを受け、通信機器向け積層チップコンデンサーなどが好調。前年度の十位から上昇する原動力となった。

三位のアドバンテストは「開発・研究」で高い評価を集めた。全従業員の中で研究開発要員が占める比率が高く、企業規模の割には工学博士号などの取得者数も多い。「社会性・柔軟性」でも危機管理への取り組み、顧客対応などで評価された。

2000年度「プリズム」上位企業

順位	社名	総合得点
1（6）	ホンダ	1000
2（10）	TDK	991
3（9）	アドバンテスト	989
4（2）	松下通信工業	986
5（4）	ソニー	982
6（34）	トヨタ自動車	980
7（12）	キヤノン	975
8（24）	花王	954
8（15）	富士通	954
10（12）	京セラ	944

（注）総合得点はトップが1000点になるように配点。カッコ内は99年度の順位

日本経済新聞（2001年2月26日）

子です。これを基に評価モデルを作り、三十項目の調査データや財務指標から総合得点を算出、順位をつけたものです。

加納　私もこの新聞記事は見ました。今年の場合、さすがに時代に合った会社が上位にきていたと思います。

石井　総合点のベストテンにはどんな会社があると思いますか……。これを見ると、みなさんやっぱりそうかと納得されると思います。

まず第一位は、ホンダ。次がＴＤＫ。以下、アドバンテスト、松下通信工業、ソニー、トヨタ、キヤノン、花王、富士通、京セラという順番です。

会社の多角的分析、日経プリズムによる優れた会社のベストテンです。ひとつの事例として大変おもしろい分析だと思いました。伝統的な財務分析はあくまでもベーシックなものです。それを土台にしてこういう多面的な会社分析を行うことは、みなさんにとってもきっと参考になると思います。

石井　それではまとめに入ります。

会社の経理データをベースにして会社の姿を詳細に分析することができます。これが経営分析といわれるものです。すでに学んだように貸借対照表と損益計算書は、会社の財政状態と経営成績を数字で表しています。まさに、数字の宝庫です。これを材料にしていろいろな角度から分析することによって、会社の実態を多面的に描き出すことができます。

経営分析の視点は、会社の収益性、安全性、成長性等を分析することです。収益性については、損益計算書が検討の材料になります。損益計算書は、売上高から売上総利益、営業利益、経常利益……と会社の損益が生まれる過程が表示されています。これを分析することによって利益の源泉がどこにあり、他社と比較してどこが強く、どこが弱いかがわかります。

次の財務安定性は、貸借対照表をベースに分析します。貸借対照表は右が資金の調達源泉、左が資金使途を表しています。この相対関係を検討することにより、会社の短期の財務安定性、長期の安定性がわかります。

会社の将来性、成長性は一番関心ある重要なファクターです。しかし、これを財務データから分析することには限界があります。会社をもっと多面的に分析する必要があります。日経のプリズムはそうした試みの代表例であろうと思います。

以上のステップを踏むことによって、会社の強み、弱みがかなりはっきり浮き出てきます。同業他社、異業種の会社と比較することによって、会社の実態をより鮮明に把握できます。

これは、まさに会社の健康診断といえましょう。会社経営に携わる人は、自分の身心の健康状態を常に把握していなければなりません。これと同じように、自分の会社の健康状態についても正確に分析しておくことが肝要です。経営分析の意味はここにあります。

それではこれで「ウチの強みと弱みを知る」というテーマで進めてきた経営分析のお話を終了いたします。

これから、十分間休憩します。

7 どうすれば もっと儲かるか?

——管理会計を学ぶ

1 経営に役立つ経理？

石井　これから「どうすればもっと儲かるか？」というテーマで、管理会計の話に入りたいと思います。

昨日からB／S、P／Lを材料に経理、会計データの読み方やその基本的考え方についてご説明してきました。これらは、会社全体の損益なり財政状態がどうなっているかをマクロ的にとらえていくもので、財務会計といわれる分野の話でした。

これに対して管理会計というのは、会社の経営者や管理者が会社を良くするためにいろいろな意思決定を行いますが、その意思決定に役立つ経理、会計データを提供し、会社経営に積極的に役立てていこうとするものです。

会社の経営は、生産、販売、研究等、直接現場で働いている人々の意欲と行動によって成り立っているわけです。その意味で私ども経理は、そうした人々の行動を側面からバックアップすることが大事であると考えています。

「どうすればもっと儲かるか？」というテーマで経理が話をするのはずい分おこがましいことだと思っている方もいらっしゃると思います。たしかにそうだと思います。経理で直接何ができるのかといわれれば、なんにもありませんからね。ただ、先ほどお話しましたように、「どうすればもっと儲かるか？」をみなさんがお考えになる時に、経理もそこに参加してみなさんの検討に役立つデータなり判断材料を提供し、会社経営に役立っていきたいんだという観点から、お話をしていきたいと考えています。

松田　最近の経理は昔と違ってずい分サービス精神が旺盛になったと思うよ。昔はただ杓子定規にだめだ、だめだというだけだったが、この頃は何かと一緒に検討して会社を少しでも良くしていこうという姿勢を感じるから、大変いいと思っているね。その調子でやって欲しいね。

石井　はい、ありがとうございます。それではさっそく問題を解いていただきます。やさしい問題ですが大変味のある問題です。では資料番号12番の問題を読んでみましょう。

2　変動費と固定費

資料12

ラーメン屋のおじさんがラーメンを作ってお客に出そうとしたところ、手がすべってひっくり返してしまいました。どんぶりはこわれませんでした。すぐにもう一杯作ってお客に出しました。お客はそれを食べて五百円払って店を出ていきました。ひっくり返したことによる損失はいくらでしょうか？　ラーメンのコストは次の通りです。

一杯の値段　五百円
一杯の麺代　七十円
熱源代　十円
人件費等固定費　二百円（一日当たり五千円）
一杯当たり利益　二百二十円

石井　ラーメン屋さんの問題です。さーどうでしょうか？　暗算でちょっと計算してみて下さい。

損失が五百円と思う人は手を上げて下さい。はい、三人ですね。二百二十円と思う人は、同じく三人。もう一人松田さんはどうですか？

松田　五〇〇－七〇－一〇で四百二十円です。

石井　えーと、みなさん違いますね。正解は八十円です。どうしてそうなるかについては、後でご説明いたします。とりあえず八十円が損失であることを頭に入れておいていただいて、次の基本的な説明に入ります。

会社の損益を考える時、

売上げ－費用＝損益

を考えますね。しかし、この式だけではだめなんです。どうしたらよいかという戦略が出てこないのです。そこで、費用の中を変動費と固定費に分けます。みなさんご承知の通り、**変動費**とは売上量に比例して増える費用です。原料費、包装材料費等ですね。一方**固定費**は、一定期間発生額が変動しない費用です。機械の償却費、人件費、事務所の賃借料等です。

この固定費は言い換えると、売上げがあろうとなかろうと関係なく発生する費用で、売上げがないときはマルマル赤字になる費用です。なんらかの方法で回収しない

変動費と固定費

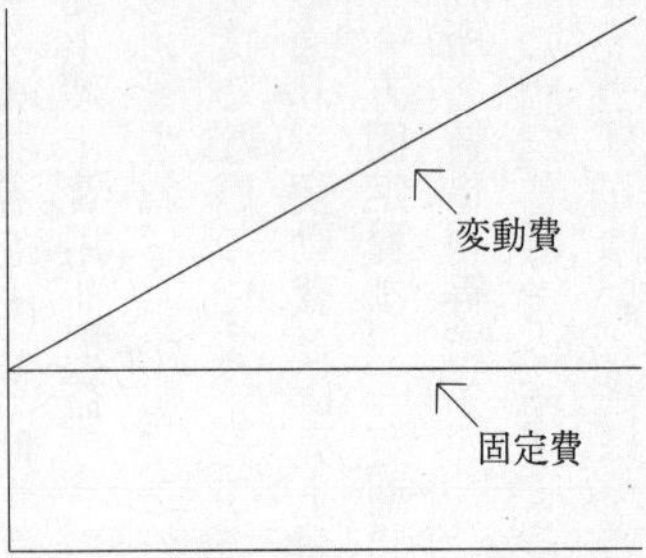

と赤字になってしまうものです。

菅原　でも、本当に何が変動費で何が固定費かという定義はなかなか難しいと思いますが？

石井　えー、本当はそうなんでしょう。しかし、あまり細かく考える必要はありません。人工衛星を飛ばすための方程式を作ろうとしているのではありませんから。会社の経営行動を分析する構造方程式を考えようとしているんで、大きくバッサリ割り切って核心をつかまえるようにしたいと思います。

3　損益トントンの売上げ

石井　次に進みます。売上げから原価を差し引けば損益になります。この原価を変動費と固定費に分けますと、

$$S-(V+F)=P$$

となります。これを変換すると

(S－V)－F＝P

となります。

ここで(S－V)、つまり売上高－変動費を「**限界利益**」または変動費のみを控除した利益という意味で「**変動費利益**」といいます。これは非常に重要な概念です。

さっきのラーメン屋さんの話でいくと、ラーメン一杯の限界利益はいくらになるでしょうか？　清水さん、暗算、暗算。

清水　五〇〇－七〇－一〇で四百二十円。

石井　この限界利益は、残りの固定費を回収して利益を上げるもとになるものです。いわば固定費回収のパワーになるんです。固定費を上回る限界利益がないと赤字になってしまいます。そして、限界利益と固定費が同額の時、損益はゼロ、トントンになります。損益がトントンですので、「**損益分岐点**」といいます。

ここでさっきのラーメン屋さんに再度登場してもらいましょう。このラーメン屋さんは、一日何杯のラーメンを売ったら、その日の損益がトントンになるでしょうか？

加納さん、計算してみて下さい。

加納　これはできますよ。限界利益は一杯四百二十円でしたね。ですから一日の固定費五千円を四百二十円の限界利益で回収し終わるのに何杯かかるかですから、五千割

損益分岐点

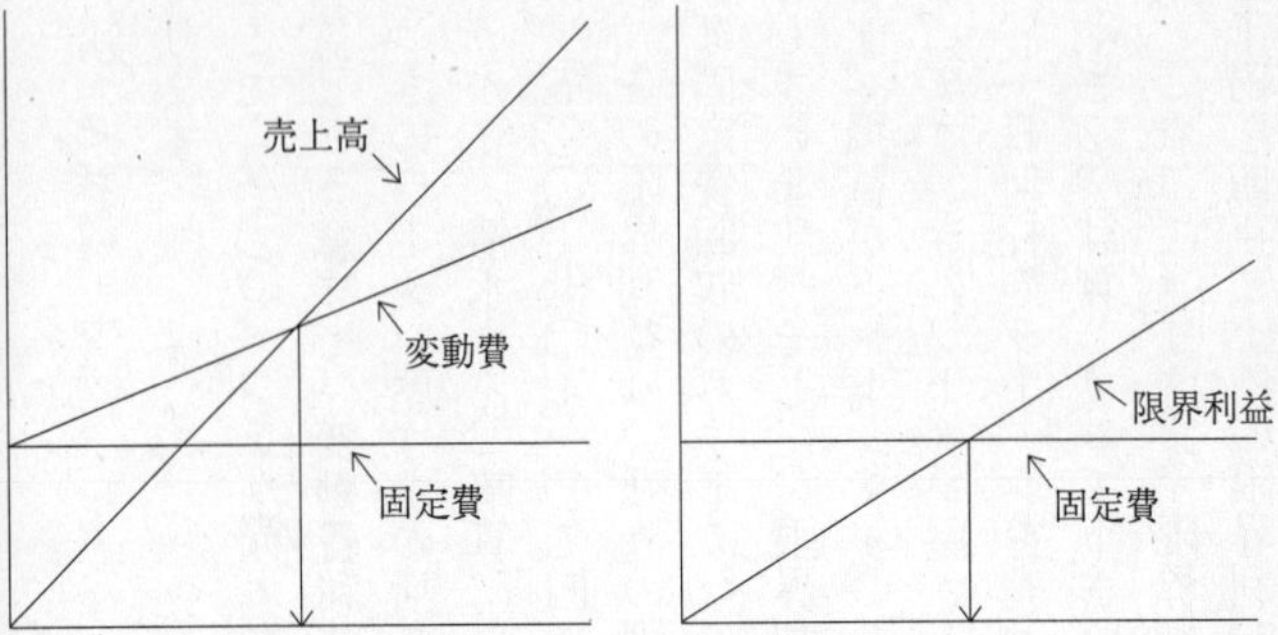

る四百二十で約十二杯。

石井　はい、検算してみましょう。

売上高＝ 500 × 12 ＝ 6,000
変動費＝ 80 × 12 ＝ 960
固定費＝ 5,000

損益 40

ですから、十二杯で正解です。

石井　考えてみれば当たり前という感じがすると思いますが、これもひとつの管理技術の発見なんです。これが発見された頃はかなり新鮮で、大きな影響を与えたといわれています。

　損益分岐点は経営におけるゼロ、トントンを意味します。この発見は経営管理手法に「**固定費回収路線**」という武器を与えました。損益分岐点はどこか？　採算がプラスになる点はどこか？　そのためにどうしたらよいか？　これらがわかるようになっ

	ひっくり返さない場合	ひっくり返した場合	差額
売上げ	A	A	－
変動費	B	B＋80	80
固定費	5,000	5,000	－

てから、戦略が描けるようになったのです。当時、「**損益分岐点図表**」は経営者の羅針盤ともいわれたそうです。

4　ラーメンをひっくり返した損はいくら？

石井　ここで冒頭のラーメンをひっくり返した時の損失の問題に戻ります。答えは、五百円、二百二十円、四百二十円と出ていました。五百円はそれだけ売上げが減ったという理由からだと思います。二百二十円はラーメン一杯当たりの利益が失われたということでしょう。四百二十円は先ほどの限界利益を指しているのだと思われます。

ここで、この問題を解くカギを述べてみます。まず第一は比較の対象を明確にするということです。二番目は変化するものと変化しないものをはっきりさせて、比較検討するということです。

ラーメン屋さんの問題でいうと、まず第一はひっくり返さなかった場合とひっくり返した場合と比較して、変化するものと変化しないものをはっきり区別し、その損得を検討してみることです。ラーメン屋さんの一日の収支を比較してみましょう。

売上げ面では差がなく、変動費のみ増加していますので、ひっくり返した損は八十円ということになります。

石井 同じような比較検討の問題をもうひとつやってみましょう。スポット輸出の問題です。問題を読みます。

> **資料13**
>
> A製品は国内の売上がかなり減り、生産に余力があります。A製品一台当たりの原価は変動費十万円、固定費六万円、総原価十六万円。これを一台当たり十二万円で百台輸出しないかという商談があります。この輸出をやるべきかどうか検討して下さい。

松田 これはさっきと同じ手法でいいんだと思います。輸出した場合は、売上高が千二百万円増え、変動費は千万円増える。固定費は変わらずだから、限界利益が二百万円。限界的にはプラスだから商談は引き受けた方がよい、ということになりますね。

清水 ここでいう限界利益の限界という意味は何なんですか？

石井　限界という意味は、経済学なんかでマージナルというやつでして、追加的とか増加一単位当たりのという意味です。この場合ですと、輸出を追加的にした場合の増加利益、追加利益ということですね。

松田さんの答えはＯＫです。この場合は、限界利益があるから引き受けた方がいいんですね。しかし、変動費利益があるからなんでもかんでもいいんだと考えるのは、やや問題ありなんです。松田さん、こういう仕事ばっかりだとどういうことになると思いますか？

松田　変動費利益があっても固定費全部をカバーしていないんだから、赤字になってしまいますね。こういう仕事ばっかりだと完全赤字ですよ。

石井　そうですね。固定費が回収されていませんので赤字になります。したがって大事なことは次のことです。この場合は、スポット輸出を引き受けるかどうかの問題です。このように極めて短期的な一時的な商談を検討する時には、まさに限界的に考えて限界利益を中心に計算してよいというわけです。

ここをよく注意して下さい。比較検討の分析を行う時には、先ほど述べた原則、何と何を比較するのかを明確にし、変化するものと変化しないものをはっきり区分して検討することを忘れないで下さい。

5　固定費は減らすだけでよいのか？

石井　えー、それでは今度は先ほどの損益分岐点の図表を使って、採算向上の方策について考えてみましょう。図を見て下さい。

変動費利益＞固定費

になればば利益がドンドン増えていきます。これはもうおわかりと思います。したがって採算を向上させるポイントは二つあります。

ひとつは限界利益を大きくすることです。もうひとつは固定費を小さくすることです。こういうとえらく簡単に聞こえますが、真実は単純なところにあるんですね。では、限界利益を大きくするためにはどういう方法があるでしょうか？　小山さんどうですか？

小山　まず売上高を増やせばいいと思いますね。それには、まず数量を増やすことです。数量が増えれば損益分岐点図表の斜線を右上に進んで利益が増えます。次に売値を上げることですね。さらに利益率の高いものの売上げをもっと増やすこともいいと思います。口でいうのはものすごく簡単だけどね。実際は大変だよ。

採算向上のポイント

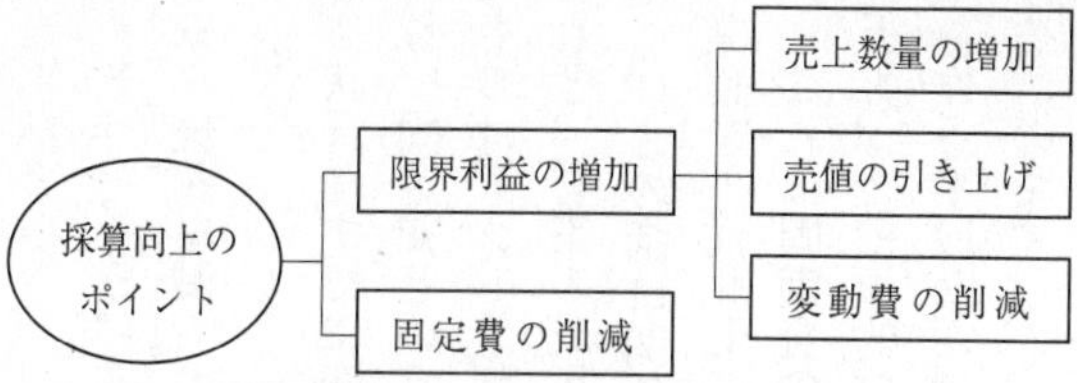

松田　販売戦略、マーケッティングの問題ですね。モデル的にはまさにその通り。こういうふうにいけば苦労はないが……。

石井　さらに限界利益を増やす方法があります。変動費を小さくしていくことです。原材料を安く購入する。単位当たり原料消費量を減らしていく。

菅原　この辺も技術の問題とつながってきますね。プロセス技術、原料転換の技術等でずいぶん変動費は安くなりましたよ。

　これからは、部材の購入単価を安くするために輸入品を組み入れたりすることが大きなポイントですね。

石井　変動費利益の増やし方は以上の通りですが、もうひとつは固定費を小さくすることです。損益分岐点図表の固定費の水準を下に引き下げます。その分だけ利益が上がってきます。固定費の削減によるリストラが叫ばれています。

小山　しかし、固定費をただ減らせばよいという発想はマズイんじゃないかという気がします。縮小均衡に陥って会社の活力が失われてしまうと思いますが……。

石井　そう、そう。非常事態以外は、たしかに問題ですね。固定費を減らすというのは無駄な経費を減らし、その分を戦略的な経費に投じることだと考えるべきでしょうね。

小山　状況はすでに変わっているのに昔通りの基準でおカネを使っている面が多いと思うね。固定費というと変わらないというふうに考えるけれども、無駄なもの、不必要なものはドンドン削って、変動させる必要があると思いますね。

それと、将来の成長のためのコストは減らさないようにしてほしいな……。

清水　いまの話に関係しますが、スリム化のひとつに**アウトソーシング**がありますね。業務を外注化して必要な時に必要なだけサービスを受けるやり方もあるね。

石井　これは**固定費の変動費化**といわれているものです。アウトソーシングに関しては最近もっと積極的な議論が出ています。それは外部の組織と戦略的なパートナーシップを作る手段なんです。外部と提携して質的にもトータルな生産性を上げていこうとするものです。

木村　コスト削減とか収益向上とかがよく叫ばれますが、そのためには、担当部門のコスト構造や損益構造がわかるようになっていないとダメなんですね。そのためにも、いま流行の情報公開がもっと必要だと思います。

石井　そうですね。昔はあまり見せるとダメというのが支配的でした。でも、実際やっている人がまず事実を知らなければ何の意味もないですから、コスト、損益はできるだけわかりやすく役に立つ形とタイミングで出して行きたいと考えています。

松田　取引先のある会社では「**責任原価管理**」という制度をとっているといっていました。自分の所管しているところのコストがわかるようになっていて、自らの責任で管理するんだそうです。努力して減らしたら、その効果がすぐ反映される原価管理の仕組みがあるといっていたね。

清水　今のような仕組みを通して、自ら情報を集め、分析し、それをもとに企画を考え計画、実行するという自立的なマネジメントの基礎みたいなものができてくるんでしょうな。

木村　データを集め検討して何かやろうとする時、ウチは会議が多いのでまいってしまうね。資料作成に時間を取られ外に出られない。みんな机に向かってワープロ、パソコン作業が多い。ウチ向きの管理のための書類が意外と多いと思うね……。

石井　経理も気をつけないといかんと思っています。常に現実の問題解決が第一で、会議とか数字とかを作っていればそれでよいという雰囲気を壊すことが大事です。現実の中に入ってすぐ解決のために動き出すこと、これが基本です。

6　予算なんかいらない?

石井　今までは、収益改善の方策の基本についてお話してきました。問題は改善のための具体策を計画し、実行に移すことです。望ましい目標を作り実行することが何よりも肝心です。ここに、計画とか予算というテーマが登場してきます。これから、「予算なんかいらない?」という題で計画とか予算というのは、会社経営にとって一体どんな意味をもつものなのかについて議論したいと思います。

予算というと国の予算を思い出しますが、ここでいう予算は会社の**短期利益計画**のことです。会社は、六か月ごとあるいは一年ごとに全社的な利益計画を立てます。これは、会社の各部門が実行すべき仕事の計画を全社的な経営目標に向けて結合したものです。短期の実行すべき目標と実行計画が有機的に結びついた計画といえましょう。

白板に書いてみましょう。図のように、販売予算、製造予算、購買予算などから成り立っており、各部門の目標、進むべき方向が全社の経営目標に向かって統一されています。

この予算の具体的作成方法等については、みなさんすでによくご存知と思いますので省略いたします。重要なことは、じゃ、なぜこういう計画を立てて会社を経営していこうとするのだろうか？　ということです。会社経営における計画の意味について、若干哲学的に考えてみたいと思います。いずれ会社経営に直接タッチされるみなさんには、ここのところを十分理解していただきたいと思います。

私は次のように考えます。私たちは将来の変化をあらかじめ正確に予測することができません。先行きは極めて不確実です。そういう難しい環境の中で会社経営を行っていくわけですが、難しいからといってその場、その場の場当たり的な経営はダメです。その場しのぎはダメですね。そこで、あらかじめ自分の行動とか対処方法を大枠で決めておきます。前もって自らの行動の大枠を決めておくんです。そして、そこから離れた

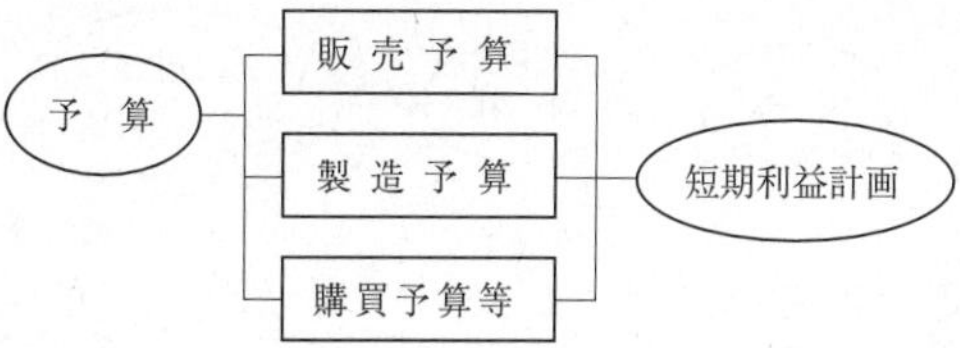

予算の体系

予算・実績対比

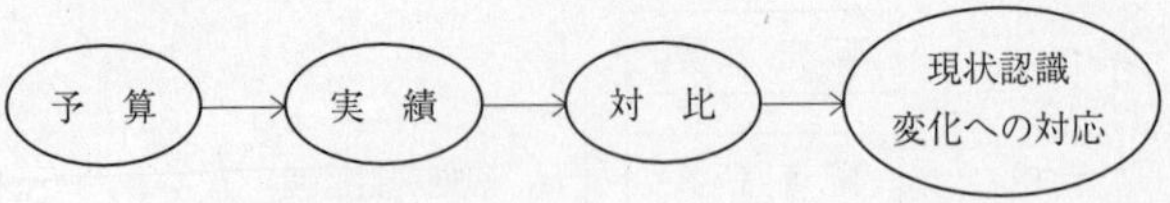

り、別のことが起きた時に自分の行動を修正し、変化とバランスをとっていくわけです。ここに計画の意味があると思います。

予算に即していえば、次のようになるでしょう。予算という形で計画を作ります。何度もいうように短期の利益計画です。一方で、毎日現実の会社活動が展開していきます。これが実績という形で表れてきます。この実績と予算、計画とを比較、対比してみます。こういう形で定期的に実績をフォローしモニターしていきます。そうすることによって、実績面に表れている現実が当初の計画、目標に比べてどういう位置にあり、現実に対して私たちの行動をどう変えていったらよいかといったことがわかります。

松田　月次決算という形で実績を出し、予算と比較しているのはいま説明があったような考えに基づいているんですか？

石井　そうです。普通の会社は月単位で実績を把握し、会社経営の現状を理解しようとしています。月単位で決算をしていますので**月次決算**といっていますが……。これは経営管理のために行う決算です。月単位に実績を把握し、予算と比較します。それはいま申し上げたように、環境の変化に対応するための現状認識と、変化に対応してタイミングよく適切な手を打つために行うのです。

加納　そこで予算差異分析が行われるんですが、あまりにも差異の分析のための分析が多く、重箱の隅をほじくるような仕事が多すぎるような気がしますね？　石井さんだけの責任じゃないけれども、やっぱりそこは変えていく必要があると思うね。

石井　差異分析に関してはおっしゃる通りですよ。差異分析は、現状がどういう位置にあり、現状をよくするためにどうすべきか、という行動を促すためにやっているんであって、ただ数字をひねくりまわして差異を解明するだけでは、経営に役立つ分析や仕事ではありませんね。昔に比べればずいぶん改善したと思いますが、単なる分析屋にならないようお互いに気をつけたいですね。

加納　その分析も単に予算と実績だけでなく、前月実績と比べてどうかとか、前年同期と比べてどうかとか、多面的に分析することが大事だと思うよ。よく経理の人はデータ比較が難しいなんていうけれども、そんなに細かいことが知りたいんじゃなくて、流れとしてどっちへ向いているのか、流れはより速くなっているのかどうか、といったことを知りたいんだから。

菅原　それに関連しますが、予算を作ることにあまりにもエネルギーをかけすぎているんじゃないかという気がします。予算はあくまでも計画であり、今までの説明からもわかるように行動の大枠を決めるものですからね。予算を作ればそれですべてがうまくいくわけではないんですよ。上の人も下の人ももっと身軽な予算を作るようにすべきだと思います。予算をどうするかだけにエネルギーが使われるのはあまりにも無駄ですよ。問題は実績が少しでもよくなることをみんなが考えるべきだと思います。

石井　いやー、思わぬ議論になりましたが、これは大変重要なポイントだと思います。実績とか行動を重んじていくという哲学を忘れてはなりませんね。これはひとり経理だけの問題でなく、会社全体で気をつけていかなければならない問題だと考えます。

小山　ただ、数値とか計数をベースにした経営は絶対必要ですよ。いろいろ問題が出ていますが、やっぱりみんなが数値を大事にし、数値をベースに考え行動に結びつけていく経営姿勢、これはなんといっても大事ですよ。

石井　ええ、今の小山さんのコメントは大変核心をついていると思います。経営における計数管理は、一体何をめざしているのかという基本命題につながってきます。ちょうどいいところでその話が出ましたので、計数管理の本当のねらいについてお話いたします。

計数管理のねらい

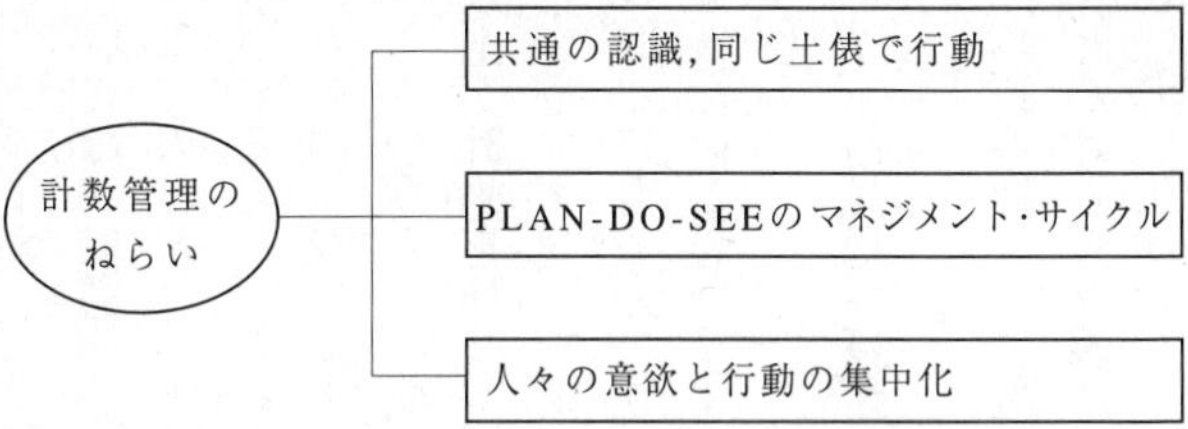

みんなが数字を大事にし、計数をベースに行動に結びつけていく経営のねらいは次のようなところにあります。

ひとつは、みんなが共通の認識を持ち、同じ土俵で考え行動する基礎となるからです。会社がいまどういう位置にあり、どういう状況にあるのかをお互い知ることができます。そして今後どうすればよいか、その行動の結果は良かったのかどうか、これらがわかるのです。毎月のＰ／Ｌが会社の成績表であり、Ｂ／Ｓが会社の財政状態を示していると昨日ご説明いたしました。これは計数管理の最低のレベルの成果ですが、その効果は極めて大きいものがあります。

二番目は、ＰＬＡＮ—ＤＯ—ＳＥＥのマネジメント・サイクルを回すベースになるからです。予算、計画を立てます。実績を把握します。差異分析、比較検討を行います。これらは、まさにＰＬＡＮ—ＤＯ—ＳＥＥそのものです。このサイクルを通して会社は成長し、拡大し、収益力を強くしていきます。

三番目は、収益向上に向かって人々の意欲と行動が集中していくことです。会社の行動は一人ひとりの意欲と行動の積み重ねであり、各人の行動の結果です。収益力が強化されると、会社の基礎体力が強まり、さらに成長が加速されます。人々の行動が先ほどのマネジメント・サイクルに乗ってうまく回転すると、経営の良循環が始まります。人の意欲と行動が数値を通して引き出されてくるのです。

以上が計画を作り、実績を把握し、計数管理を行って会社を経営するねらいです。こういうマネジメント・スタイルをとり、万事うまく経営が成り立っていけばみんなハッピーになるのですが、そうは問屋が卸しません。会社経営とはそんなに簡単なもんじゃないと思います。

7　経営とはデザインすること

石井　私の好きな言葉に「経営とはデザインすること」というのがあります。今まで予算とか計画の意義について考えてきましたが、ここで計画の内容について少し触れてみたいと思います。そして「経営とはデザインすること」の意味も考えてみましょう。

経営において計画を作成するためには、会社の現状をどう考え、それをどうしたいかという素朴な発想がまず必要です。

経営に携わる人は常に次のことを頭に入れてものを考え、ことを決め、行動することが大事であるといわれています。ここに計画の原点があると思います。

まず第一に市場の構造、変化に対し会社がどうかかわっているかという点です。市場構造をちゃんと正しくつかんでいるか？　市場の変化に十分対応していけるかどうか？……です。

二番目は、会社の収益構造からみてどこが強く、どこが弱いか？　どこに力を入れて伸ばしていこうとするのか？　という点です。強みを伸ばすのにどういう手を打つのか、弱点をカバーするためにどういう展開を考えるのか……です。

これら二つの地図を常に持ち、行動に結びつけていく努力がまず必要なのです。ここに、計画の原点がありデザインの原点があると思います。

清水　そこで質問があります。計画といった場合、いくつかの種類がありますね。長期計画、中期計画、予算とかいろいろあってしょっちゅう計算をしていますよね。これらの関係はどういうふうに考えたらいいんでしょうか？

石井　計画の種類としては三つくらいあります。おっしゃる通り長期、中期、年次計画（予算）、この三つです。長期計画というのは、会社が将来どこへ進むべきか、その方向と分野について大きく描いたものです。経営戦略ともいいますが、会社の長期的な基本設計図にあたります。中期計画は、長期の戦略を実行するために必要な資源の獲得とか、企業体質の改善等をねらうものです。ちょうど長期計画と年次計画の間に位置しますので、三年先ぐらいを考えに入れた計画になります。最後が年次計画で、予算と同じものです。一年間の具体的な実行計画です。長期と中期は絵に描いた餅ですが、この年次計画は本当に餅を作り、それを食べる計画ですので、極めて切実なものです。これらの関係を図に書くと次のようになります。

3つの計画

長期計画	←→	経営戦略
中期計画	←→	戦略実行に必要な資源配分，戦術
年次計画	←→	具体的実行

小山　こういう計画は数字を入れて作りますので、さっきどなたかがいったように、かなり細かい積み上げをやってしまいがちです。さらに、そのためにかなりエネルギーを投じて作りますので、計画を作ること自体が目的になってしまいがちです。計画を作ればそれですべてが解決できたような錯覚に陥る危険を知っておくべきだと思い

ます。

石井　そうですね。いまお話に出た弊害を除くため、ある会社では次のようにしているそうです。二〜三か月先の為替の予想もできない時期に三年先なんかの数字を出してもしょうがないと考え、数字を重視しないで課題と対応策を中心とする計画づくりに完全に切り替えたそうです。長期は目標と経営理念が中心、中期は問題点の認識と解決策をはっきり打ち出すことが中心。年次は今すぐやるべき課題をはっきりさせて、ヒト、カネ、モノを投じてすぐ解決することが中心。こういうスタイルに変えたそうです。

8　カネのなる木がありますか？

松田　長期計画とか経営戦略が議論される時に、ポートフォリオ・マネジメントというアイデアがよく使われますね。当社でも時々話に出ます。昔、本でサーッと読みましたが、ここで頭を整理する意味でわかりやすく説明して下さい。

石井　はい、わかりました。ポートフォリオ・マネジメントについてはそろそろ説明に入ろうかと考えていましたので、ちょうどよいご質問でした。それでは、これから入ります。

正確には**プロダクト・ポートフォリオ・マネジメント（PPM）**といいますが、経営戦略を作る時に実践的な道具立てになるものです。プロダクト・ポートフォリオというのは、「均衡のとれた製品の組み合わせ」という意味だそうです。製品の市場成長率と、自社の相対的マーケットシェアという二つの指標に基づいて、経営のバランスを長期的にとっていこうとするものです。

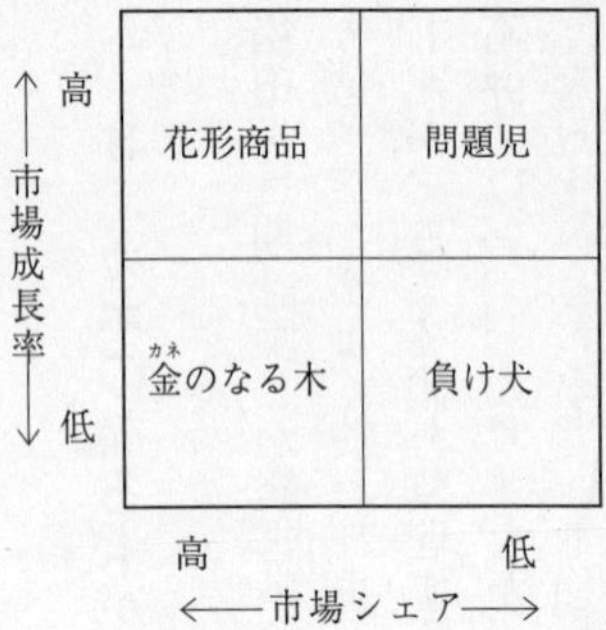

よくこのような図を使って説明されます。縦軸に市場成長率、横軸にマーケットシェアをとり、四つの箱の中に製品群を割り付けます。それぞれの箱には、「金のなる木」「花形商品」「問題児」「負け犬」と名付けられています。

「**金のなる木**」は収益力が大きく、現在の経営を支えていますが、もうこれ以上は伸びません。稼いだ儲けを他の製品群に振り向ける役割を担います。したがって、大きな投資は控え、合理化に徹し、収益増を図ります。「**花形商品**」、これはスターとも呼ばれるもので、収益力が大きく、将来ますます拡大し大きな儲けが期待されます。

将来を担うスターですので、思い切った投資を続け、全力を上げて頑張ります。「**問題児**」、これは将来性はあるんですが、今のところ強くないので儲けは低い。スターになるか負け犬になるか先行きが不明です。状況をよく検討してスターに育てるかどうか、いずれ決めなければなりません。スターに育てたいものです。「**負け犬**」、これは将来性もなく魅力に乏しいので、残念ながら縮小の運命にあるものです。

このポートフォリオ・マネジメントのポイントは次のようなところにあると思います。

会社は、ヒト、カネ、モノ、情報の固まりで環境の変化に適応して成長を続けて行きます。会社は激しく動く環境の変化を予測して、これからどのように生き残っていくべきかを常に考えています。将来に向かって育て上げる事業分野は何か、そのために必要な経営資源は何か、それをどうやって獲得していくべきか、同時に今儲かっている事業分野をどう活用していくべきか……。いくつもの検討課題があります。

今儲かっている分野、「現在の事業」と、今は赤字だが将来が楽しみな分野、「将来の事業」の組み合わせを考え、バランスよく経営資源を配分することが大切です。各事業分野についてそれぞれの使命や役割をはっきりさせ、将来の成長のために、限られた資源を選択的に重点配分する必要があるんです。相対的に強い事業分野を決め、将来の柱にすべく資源を積極的に投入するわけです。ここに経営戦略の核がありま す。ポートフォリオ・マネジメントはこの検討に大変役立つ道具を提供しているんで す。

菅原　この分析は、アメリカのボストン・コンサルティングという会社が言いだした ものだったと記憶していますが、あまりにも機械的にマトリックスに当てはめている という感じを持っています。経営判断というのは、こんなに合理的でスパッと割り切 れないんじゃないかな？　もっとどろどろした中から生まれてくるような気がしてな りませんがね……。

石井　うーん、なかなかいいところをついていますね。ポートフォリオ・マネジメン トは戦略形成のひとつの道具立てであり、これだけに頼るとあまりにも機械的な割り 付けになってしまいますね。それは、ご指摘の通りだと思います。

勘頼みやドンブリ計算で経営戦略が決まるのも困るが、このマトリックスに当ては めるだけで機械的に決めるのも困りますよね。判断がどうしても現状追随的になりま すから……。

こういう問題に関して、ある人がソニーの盛田昭夫さんの話を出されたことがあり ました。こういうことです。ソニーのウォークマンは過去の数字、データの分析の結果から生まれたものであろうか？　いや、違う。ラジカセの市場分析、顧客アンケートを分析した結果から生まれたのだろうか？　いや、違う。個人のための野外オーディオというウォークマンのニーズはこういうデータ分析から予見されたものではない。それは、ソニーの盛田さんが、ニューヨークのセントラルパークを散歩していた時、ラジカセを持ち歩いている多くの若者の姿を見た時だ。そして、その直感を多くの反対の中でも持ち続けた結果、あの爆発的な市場が生まれたのだ。こういっていました。

石井　ここにも、ひとつの真実があるんだと思います。

計画とか戦略とか難しい話をしてきましたが、ここまで来ると最後は経営のビジョンということになります。ビジョンがあって、戦略があって計画がある、教科書ふうにいうとこういうつながりになります。しかし、それはあまりにもきれい過ぎると思います。

しかし、そうはいっても経営のビジョンは大切です。会社の存在意義、事業への思い入れ、事業に対する考え方、経営に対する見方……これらは会社が何をめざし、どこへ向かっているのかについてみんなが共通の認識とイメージを共有できる源泉になるからです。言い換えれば、会社を支える力の源になるのです。会社を経営する人はここまで会社をデザインしなければならないと思います。

次のような経営のビジョンを掲げている会社があります。

- 人のやらないことをやる
- 他に一歩先んじる
- 最高の技術を発揮する
- 世界を相手にする
- 自己の能力を発揮させる
- 一切の秩序を実力本位、人格主義の上に置く

こういうビジョンを示している会社はどこだと思いますか？　有名なS社です。こういう会社をめざしたいと思います。

まとめ

以上をもちまして、今回の研修会の全講義を終えます。

「ウチはいくら儲かっているか?」からスタートして「どうしたらもっと儲かるか?」まで、一日半のスケジュールを無事終えることができました。みなさんにはかなりハードな研修会だったと思います。しかし、みなさんの目の色がずーっと輝いていたことがすごく印象に残っております。

「他人《ヒト》に教えることは、自ら学ぶことである」といわれていますが、今回この講師をやらせていただいて、この言葉の意味がよくわかりました。ありがとうございました。

ここで、各テーマごとに最後のまとめを箇条書き的に述べて終了したいと思います。

「ウチはいくら儲かっているか?」—損益計算書の話のまとめは次の通りです。

- 損益計算書は、会社の経営成績を表す会社の「成績表」です。

・会社経営に携わる人は、損益計算書を見て会社の本当の素顔を見抜く力を持たなければなりません。
・そのためには、各段階別に儲けの源泉を探って儲けの中身を吟味しなければなりません。
・儲けの中身を吟味する「包丁さばき」をマスターして下さい。そして、経営成績を向上させるための方策を考えて下さい。

「ウチのフトコロ具合を探る」―貸借対照表の話のまとめは次の通りです。

・貸借対照表は会社の「断層写真」です。
・貸借対照表は、会社のおカネとモノの状態を見事に描いたもので、激しく動き続ける経営活動を多面的に写し出す鏡です。
・みなさんは、このバランスシートを通して自らの会社経営の結果を見抜き、将来の戦略と方策を生み出していく力を持たなければなりません。
・会社を経営することは、自らの会社のバランスシートを作り出していくことであります。

「儲けの配り先」―利益処分案の話のまとめは次の通りです。

・利益処分は、経営者にとって極めて重要な決断です。
・一年の経営を振り返り、明日からの将来を見据えて利益を処分しなければなりません。
・まず利益を出すことが第一です。
・その利益を会社の将来の活動にどう使っていくか―ここに会社経営責任者の仕事が凝縮されています。

「勘定合って銭足らず」―資金の話のまとめは次の通りです。

・会社活動はおカネの循環活動です。
・資金の流れは、人間の血液のようなものです。タイミングよくおカネの動きをつかむことが肝要です。
・資金の舵取りは経営の重要な仕事です。資金繰り表は重要な道具です。
・資金の動きと損益の動きは別です。損益の舵取りも重要ですが資金の舵取りはもっと重要です。

「税金をこんなに払うの？」―法人税の話のまとめは次の通りです。

・会社計算用の利益と税金計算用の利益とは、中身が少し違います。
・税法は課税の公平さ、政策的要請等の理由から、税法特有の規定や基準があります。
・特別償却、繰越欠損金等の特有の計算システムを覚えて下さい。
・税金はコストです。その意味で、節税は大変重要なことです。
・節税の三つの基本的方法をしっかり理解して下さい。

「ウチの強みと弱みを知る」―経営分析の話のまとめは次の通りです。

・貸借対照表や損益計算書は、数字の宝庫です。これらを使って会社の実態が多面的に分析できます。
・経営分析は、会社の収益性、安全性、成長性等を分析します。

・同業他社、異業種の会社と比較することにより、より明確に分析できます。
・経理データだけの分析では、限界があります。総合的な分析が求められます。
・経営分析は、会社の健康診断です。自分の会社の健康状態を常に正確に知っておくことが大事です。

「どうすればもっと儲かるか？」――管理会計の話のまとめは次の通りです。

・管理会計は、会社の経営者や管理者が行う意思決定に役立つ経理データを提供するものです。
・損益分岐点分析は簡単な道具ですが、使い道があります。
・みんなが数字を大事にし、数字をベースに具体的な行動に結びつけ、会社をより良くしていく仕組みづくりが大切です。
・経営とはデザインすることといわれています。長期計画、予算、経営戦略等を単なる数字の集合体にしてはいけません。会社をより良くする力の源泉にしたいものです。

以上が最後のまとめです。

みなさんのご健闘をお祈りいたしまして、終了といたします。みなさん、頑張って下さい。

8

会計ビッグバンを学ぶ

1 会計ビッグバンって何ですか？

石井 今日はお疲れさまでした。昼食にいたしましょう。ところで、最近会計ビッグバンという言葉をよく耳にしますが、松田さん、どういう意味かおわかりですか？

松田 金融ビッグバンという言葉が昔ありましたが、今は会計ビッグバンですか？よくわかりません。

石井 会計ビッグバンとは、日本の会計制度やディスクロージャー制度の大改革のことを意味します。この変革の範囲はかなり広く、変革の内容はかなり本質的で、日本の企業の経営に激震を与えているといわれています。

清水 ビジネス街の本屋さんに行くと、会計ビッグバンとか国際会計基準とかキャッシュフロー計算書といった表題の本や雑誌の特集号がやたらと目につきますが、これはその影響なのですね？

石井 そういうことですね。これから番外編ですが、最後のまとめを兼ねて会計ビッグバンについてお話したいと思います。食事をしながらお話しましょう。まず、会計ビッグバンの狙いは何だと思いますか？　横田さん、いかがですか？

横田　日本の会計基準が不十分なので、この際グローバル・スタンダードに沿ったものに変えようとしているという記事を読みました。狙いはそこにあるのではないでしょうか？

石井　そうです。国際社会に広く通用する会計基準に変えていこうというのが狙いです。

菅原　いままでは海外に通用していなかったのですか？

石井　残念ながら通用していませんでした。日本の場合は、会計制度のもとになる証券取引法と商法、税法が密接に絡み合っていたため独自なものになっていました。そのよい例に「**レジェンド問題**」があります。

松田　レジェンド問題？

石井　はい、こういうことです。日本の企業が英文の年次報告書で決算書を公開する際に次のような「警告」を記載することが義務づけられていました。「この決算書は日本の基準に従ってつくられており、国際的に通用する基準に従ったものとは異なる」。これが「レジェンド問題」です。

木村　これではやっぱりまずいですね。その背景には、日本の会計基準では透明性が確保されていないという考えがあるのでしょうね？

資料14

会計ビッグバン本格化

会計ビッグバンの進展が、日本企業の経営に激震をもたらしている。退職給付会計と時価会計が本格的に導入された二〇〇一年三月決算では、有価証券の含み損などの企業が内部に抱えていた隠れ損失が表面化し、多額の特別損失を計上した企業が目立った。一方で、二〇〇二年三月期から導入される持ち合い株の時価評価を前倒しで適用した企業も多くみられた。会計制度の変革によって出てきた損失を処理できる企業体力があるかどうかが問われるようになっている。

時価会計、体力問う

損失隠しの逃げ道絶つ

二〇〇一年三月期決算から本格導入された時価会計には、投資有価証券などを対象とした金融商品会計の適用と販売用不動産の含み損処理の義務づけの二つがある。

金融商品会計の対象となるのは、企業が保有している株

主な会計制度の変更

時期	変更点
2000年3月期	● 連結の範囲に実質支配力基準を導入
	● 連結キャッシュフロー計算書の導入
	● 税効果会計の義務化
2001年3月期	● 退職給付会計の導入
	● 金融商品会計の導入
	● 販売用不動産の減損処理を厳格化
2002年3月期	● 持ち合い株の時価評価
2003年3月期（見通し）	● 固定資産の減損会計の導入

上場企業(単独ベース)**が計上した特別損失と税引き利益**

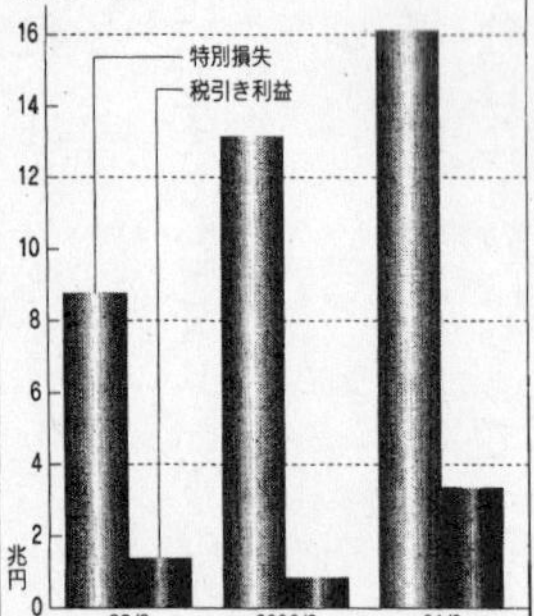

(注)金融を除く

日本経済新聞（2001年 6 月29日）

石井　はい。その通りです。そこで今後は、アメリカ、ヨーロッパ等で十分通用するものに変えていこうというわけで、会計ビッグバンが登場してきたのです。

小山　会計ビッグバン登場の背景はわかりましたが、もう少し具体的に説明して下さい。

石井　こういうことです。経済がグローバル化し、企業活動がずい分と国際化しました。それと歩調を合わせて資金の動きもグローバル化しました。日本の企業は国際競争市場に参加して企業活動を行うと同時に、資金活動も広く世界に求めるようになりました。また、投資家として日本企業の株式を持つ外国人株主の数もずい分と増えました。

小山　それでどうなるのですか?

石井　これだけ国際化しますと、日本企業の経営成績、財政状態を表す決算書が国際的に通用するものでないと、国際社会で生きていけなくなるのです。国際的に同じモノサシで計ってはじめて日本企業は本当に儲かっているのか、財務的に問題はないのかが多くの人にわかりますし、世界の他社と比較することができるのです。ここがポイントです。

加納　国際社会のルールに従った会計基準で処理しないと相手にされなくなってしま

う、ということなのですね？

石井　そうです。会計基準とかディスクロージャー制度は経済のインフラとして極めて重要なものなのです。従来は日本独自のもので何とかやってこれたのですが、これからはもうやっていけないということがはっきりしたのです。

松田　会計ビッグバンの具体的な中身はどのようなものなのでしょうか？

石井　会計ビッグバンの中身は、連結決算の重視、キャッシュフロー計算書の導入、金融商品の時価会計、退職給付会計、固定資産の減損会計等です。とりあえず今日は、連結決算、キャッシュフロー計算書、金融商品の時価会計についてやさしく解説いたしましょう。

2　連結財務諸表——家族そろって歌合戦

石井　加納さん、連結決算ってどういうものかおわかりですか？

加納　わかりますよ。**連結決算**とは親会社、子会社をひとつのグループとして合計し、全体をあたかもひとつの会社のように考え決算することです。グループとしての決算書をつくる——これが連結決算だと思います。

石井　はい、そうですね。従来は**単独決算**が主でしたが、これからは連結決算が主になります。むかしはそれぞれの会社が個別の会社として単独に区切って決算を発表していました。これでは個別の決算状況はわかるが、グループ全体の様子がまるっきりわかりませんでした。

木村　欧米では、決算書といえば連結の決算書を意味するのだそうですね？

石井　そうなんです。グループ全体の各社が合計された決算書がいわゆる決算書なのです。グループを構成する各会社が参加して、グループとしての業績をお互いに競い合うわけです。むかし日曜日のテレビに「家族そろって歌合戦」という番組がありましたが、まさに連結決算は「家族そろって歌合戦」なのです。

菅原　先ほど連結決算が主になるとおっしゃいましたが、それはどういう意味ですか？

石井　単独決算より連結決算を重要視するということです。会計情報としては連結が主体で単独は補完的という感じですね。

菅原　具体的にいいますと……

石井　ここにちょうどよい例があります。イトーヨーカ堂の平成十三年二月期の有価証券報告書があります。そこの二十九ページに「第5　経理の状況」が記載されていますが、まず連結財務諸表がのっており、その情報量は相当のものです。その次に単独の財務諸表がのっています。連結が先で単独が後――ここに連結重視の考え方が象徴的に表れています。従来も連結財務諸表はあったのですが、単なるおまけ的なものでした。

横田　おまけ的存在？

石井　そうです。従来は順番が逆で、親会社だけの財務諸表が先にあって、連結財務諸表は後ろの方に補助資料として添付されていたに過ぎませんでした。今回のビッグバンで、連結財務諸表が本来的な機能を果たすべき主役的存在になったのです。これが第一のポイントです。

清水　そのほかにも大きな変化があるのですか？

石井　よく聞いて下さいました。連結決算に取り込む子会社等の範囲が厳しくなりました。

松田　以前はあまり厳しくなかったのですか？

石井　はい。以前は、連結財務諸表に含まれる子会社等の範囲が形式的な基準で決められていました。言い換えれば、議決権の割合という形式的な基準で決めていたのです。そうすると次のようなことができました。つまり、連結の対象に入れたくない会社があった場合、議決権の割合を調整して連結から外してしまうのです。親会社は意図的に都合の悪い会社を外すことができたのです。

横田　連結外しということですね？

石井　ええ。よくご存じですね。

木村　これからはそういうことができなくなったのですか？

石井　できなくなりました。今回の改正で従来の形式基準から実質基準……というか支配力基準というものに変わりました。

加納　**支配力基準**ですか？

石井　そうです。その会社を実質的に支配しているかどうかで子会社かどうかを判定しようとする考え方です。たとえば議決権は過半数を占めていなくても、取締役を派遣していて実質的にその会社の意思決定を左右できるという場合は、連結に含めるというものです。会社の議決権の所有割合でなく、実質的に支配しているか、実質的に影響を及ぼしているかで、連結の範囲を決めるわけです。

松田　なるほどね。支配力基準の意味がよくわかりました。

木村　デパートのそごうが倒産に至った背景に、この連結範囲の拡大化、厳格化があったと書いていた雑誌がありましたが……。

石井　そうです。そごうは業績の悪い会社を連結から外していました。先ほどの形式基準では連結に入れなくてよかったのです。それが今回の改正で支配力基準が導入され連結範囲が一気に増え、業績の悪い会社が表面に浮かび上がってきた結果、そごうグループは危機的状況にあることがはっきりしてきました。倒産の引き金のひとつはここにあったといわれています。

小山　そういう背景もあったのですか……。

石井　これから分社化、持株会社化、海外事業の展開等各社がグループの一員としてそれぞれの機能を担って活動するケースが多くなると思います。連結決算はますます重要なものになっていくと思います。

次に、キャッシュフロー計算書についてお話いたしましょう。

3　キャッシュフロー情報の重視

石井　キャッシュフロー情報の重視という点からキャッシュフロー計算書が導入されました。これはキャッシュフロー——資金の流れをまとめたもので、損益計算書、貸借対照表に次ぐ重要な会計情報として位置づけられました。

松田　キャッシュフローはいままでの損益計算書や貸借対照表からはわからなかったのですか？

石井　そうですね。損益計算書は会社の損益状況を表すフローの情報、貸借対照表は期末時点の会社の財政状態を表すストック情報ということで、キャッシュフローを表すものはありませんでした。

清水　キャッシュフロー情報はそんなに重要なものなのですか？

石井　はい。投資判断にはキャッシュフロー情報は極めて重要です。会社は資金を調達しそれをビジネスに投じます。最終的に資金を回収して手元に残ったものが儲け―リターンというわけです。そういう観点から企業活動の結果、資金―キャッシュフローの動きがどうであったかを描き出すことは大変重要なことなのです。

横田　最近では会社というのはキャッシュを生み出す仕組みそのものであり、将来にわたってどのくらいキャッシュを生み出すかが会社の価値を決めるという考えがありますね。こういう考え方につながりますね。

菅原　ところで、キャッシュフロー計算書とはどういうものですか？

石井　それでは**キャッシュフロー計算書**についてご説明いたします。キャッシュフロー計算書ではキャッシュの流れを次の三つに区分して把握します。白板に書いてみましょう。

まず第一は営業活動によるキャッシュフローです。営業活動の結果、どれだけのキャッシュが出たり入ったりしたかがわかります。次が投資活動によるキャッシュフローです。有価証券の取得や売却、固定資産の取得等によるキャッシュの出入りがわかります。最後が財務活動によるキャッシュフローで、借入金の増加や返済、配当金の支払い等財務活動によるキャッシュの出入りが記載されます。既にお気付きのように、資金の動きからみた会社の経営行動がよくわかります。

木村　どこかの会社のキャッシュフロー計算書で具体的に説明して頂けませんか？

石井　それはよいアイデアですね。ここに、コカコーラ社のキャッシュフロー計算書がありますので、ご説明いたしましょう。

まず営業キャッシュフローは、純利益、減価償却費、運転資金の増加等で四十億三千三百万ドルのインフローです。これは大きな収入源ですね。投資キャッシュフローはボトリング会社の買収、資産の購入、売却で五億ドルのアウトフロー。投資活動状況がわかります。最後の財務キャッシュフローは負債の返済、自社株買い入れ、配当等で三十億九千五百万ドルのアウトフロー。ここから株主利益重視の姿勢がわかります。その結果、年間で四億三千八百万ドルが手元に残ったというわけです。

加納　確かに資金からみた会社の動きがよくわかりますね。キャッシュフローを追うということは、まさに企業活動を追っていくことになるのですね。

石井　損益計算書と貸借対照表に関係する動きがひとつの表に集約され、会社の動きがキャッシュという観点から見事に描き出されているのです。これで、P／L、B／S、キャッシュフロー計算書が会計情報の「三種の神器」であることがよくわかったと思います。

小山　三種の神器とはよくいったものですね。キャッシュフロー情報の重要性がよく理解できました。

石井　キャッシュフロー情報はフロー面の情報を補足するものともいえます。次に時価会計の話に入りたいと思いますが、時価会計はストック面の情報を補強するものといえます。

4　時価会計はビッグバンの目玉です

石井　時価会計とは、時価で評価すべきものは時価で評価するというものです、今のところは。財務諸表を作成する際に、金融商品等の一部を期末の時価で評価する会計です。時価会計は会社の経営や社会に与える影響が非常に大きいといわれています。

菅原　時価会計が導入された背景は何なのでしょうか?

石井　いままでの会計制度では、金融資産については原則としてそれを以前購入した時の価格―取得価格で評価していました。その結果、いろいろな問題を抱えていました。

松田　どういう問題を抱えていたのですか?

石井　たとえば有価証券のうち時価のあるものを売れば、その金額が会社に入って来るわけです。しかし、取得価格で評価されていますと、将来どれだけのお金が入って来るのかはっきりわかりません。財務諸表を利用する人にとっては、知りたい情報が開示されていませんでした。

横田　言い換えれば含み益、含み損の問題ですね?

石井　そうです。その含み益、含み損がいくらくらいあるのかがはっきりわからなかったのです。さらに「**含み益経営**」という問題もありました。

小山　含み益経営?

石井　そうです。こういうことです。決算数値が悪くなると有価証券を売ったりして売却益を出して本業の損失の穴埋めをします。その結果、最終損益は前とあまり変わりません。これが含み益経営です。

清水　こういうことを認めていると、損益が会社の実態を示すことにならないわけですね？　これはやはりまずいですね。

石井　しかも、突然いままでわかっていなかった利益がポンと出てきて損失を穴埋めするという手品みたいなことができたのです。これは問題だということは前からいわれていました。この際、こういうことは止めにしようというわけです。

さらに近年、金融理論やＩＴの発展により、金融市場が高度化しスワップ、オプション、先物といったデリバティブ―金融派生商品が登場してきました。これらを含めた金融商品の動きが活発になり、そのリスクマネジメントが重要になりました。金融商品に関する情報を適正に開示することが不可欠になってきたわけです。こうした背景から、有価証券や金融派生商品について時価で評価しようということになったのです。

加納　ということは会社が持っているすべての有価証券を時価で評価することになったのですか？

石井　いえ、違います。有価証券はその保有する目的や市場価格の有無に基づいて、いくつかに区分しそれぞれの評価基準が決まりました。

松田　どういう区分になっているのですか？

石井　売買目的有価証券、満期保有目的債券、子会社株式・関連会社株式、その他有価証券という四つの区分です。

売買目的有価証券というのは、時価の変動により利益を得ることを目的として保有しているものです。金融機関がトレーディング目的で持っているような有価証券です。これらは時価で貸借対照表に計上されます。

清水　次の満期保有目的の債券はどうなるのですか？

石井　満期保有目的債券は、文字通り満期まで所有する目的で持っている社債などです。これは取得価格をベースに評価します。

横田　子会社・関連会社株式……これは売ることを目的にしていませんので取得価格で評価されますよね？

石井　そうです。ご名答です。財務活動というより設備投資と同じように事業投資の性格を持っていますので、取得価格で評価します。

菅原　最後の、その他有価証券というのはどういうものですか？

石井　これはいままで説明したもの以外という意味で、主として持ち合い株式が含まれます。

資料15

持ち合い株の時価評価

含み益頼りから脱却迫る

二〇〇一年三月期に売買目的の有価証券の時価評価が導入されたのに続き、二〇〇二年三月期からは、持ち合い株など「その他有価証券」の時価評価が義務づけられる。持ち合い株式は期末時点で時価評価し含み損益を株主資本に反映させる。株式の評価額が財務諸表に直接反映されるため、これまで以上に企業の経営状態が正確に表れることになる。

前倒し適用が認められた二〇〇一年三月期は、上場企業の約六割が導入した。

含み益がある企業は株主資本が増加するが、含み損を抱える企業は株主資本が減少した。二〇〇一年九月中間期では株価の動向によっては、含み損が膨らんで債務超過に陥る企業も出てくる可能性がある。

持ち合い株の時価評価の義務づけが最も直撃するのは銀行。二〇〇一年三月期は大手銀行十五行が簿価で三兆千億円もの株式を売却した。さらに二〇〇二年三月期は三兆七千億円売却する計画。期末の株価によって株主資本が変動するリス

日本経済新聞（2001年6月19日）

木村　持ち合い株式とは、会社間でお互いに株式を持ち合っているあの持ち合いのことですか？

石井　そうです。**持ち合い株式**は従来取得価格で評価されていましたが、これからは時価で評価することになりました。

小山　時価評価するということは、毎年毎年評価が変わるので評価益とか評価損が発生しますよね？　それがわかるようになるのですね？

石井　はい。その通りです。評価損益が出てきますので、その会計処理方法について具体的に決められています。いずれにせよ時価評価すべきものは時価で評価し、その評価益なり評価損ははっきりわかるようにしたところがポイントです。

加納　評価損が出る前に早く持ち合い株を処分する動きが出ているという記事がありましたが、その背景はここにあったのですね。

石井　時価会計は会社の行動にいろいろな影響を与えているのですが、いまの持ち合い株の処分はそのひとつだと思います。

松田　その結果、株式市場の相場が下がっていくともいわれていますが、やはり本当なのですね。

石井　それでは会計ビッグバンのまとめに入りたいと思います。会計数値は会社の経営活動の成果を映し出す「鏡」といわれてきました。今回の会計ビッグバンの一連の動きは、こうした鏡の種類と精度を大きく変えるものであり、「鏡の変化」が及ぼす影響は大きなものがありました。連結決算、キャッシュフロー計算書、時価会計の導入の話をいたしましたが、これらはまさに鏡の種類と精度が上がったことを意味します。その結果、会社の姿が従来と違ったものに写ったり、いままで写っていなかった姿がはじめて写し出されたわけです。ここに今回の会計ビッグバンの意味があると思います。

以上で番外編—会計ビッグバンの話を終えたいと思います。

本書は、一九九六年七月に日本経済新聞社から刊行されたものを、文庫化にあたって加筆修正しました。

日経ビジネス人文庫

社長《しゃちょう》になる人《ひと》のための経理《けいり》の本《ほん》

2001年10月1日 第1刷発行
2005年8月2日 第18刷

著者
岩田康成
いわた・やすなり

発行者
小林俊太

発行所
日本経済新聞社
東京都千代田区大手町1-9-5 〒100-8066
電話(03)3270-0251 振替00130-7-555
http://www.nikkei.co.jp/

ブックデザイン
鈴木成一デザイン室

印刷・製本
凸版印刷

定価はカバーに表示してあります。落丁本・乱丁本はお取り替えいたします。
 ISBN4-532-19087-8
読後のご感想をホームページにお寄せください。
http://www.nikkei-bookdirect.com/kansou.html

歴史が教える相場の道理

林どりあん

ベテラン証券マンが自らの経験も交え株式市場の歴史を綴った名随筆。人間の欲が織りなすドラマが生む教訓は「相場に奇策なし」。

日本経済の小さな大ギモン

日本経済新聞社=編

くらしに潜む素朴なギモンを日経新聞のエコノ探偵団が徹底調査。ささいなことにトコトンこだわると、ナマの経済が見えてくる!

シンプリシティ

ビル・ジェンセン
吉川明希=訳

単純明快な会社は強い! 現場の働きやすさだけを基準に、新しい会社と仕事を構築しよう。その具体的方策が「シンプリシティ」だ。

悪女と紳士の経済学

森永卓郎

企業戦士と「銃後の妻」の戦後体制よさらば。日本再生のためには生涯恋愛社会の実現しかない。物議をかもした名(迷)著復活!

金融法廷

岩田規久男

怒りとともに学ぶ現代金融! 住専問題、山一倒産などを題材に、金融行政の誤りを明らかにする知的エンターテインメント。長銀篇を増補。

思考スピードの経営

ビル・ゲイツ
大原進=訳

デジタル・ネットワーク時代のビジネスで、「真の勝者」となるためのマネジメント手法を具体的に説いたベストセラー経営書。

30語でわかる日本経済

三和総合研究所=編

経済ニュースによく出てくる30の言葉を懇切丁寧に解説。日本経済を正しく理解するための「常識」を最もハンディにまとめた入門書。

「日本」の終わり

竹内靖雄

沈みゆく「社会主義」国家と決別し、個人が本気で資本主義をやれ！ 世の常識を挑発し、日本の新たな「始まり」を説く痛快評論。

よいリストラ悪いリストラ

稲葉陽二

米国で拡大する貧富の格差。しかし、猛烈なリストラが人々の起業家精神を目覚めさせた。社会に活力を与える「よいリストラ」とは。

コメ作り社会とビジネス社会

漆山 治

日本の経済発展の根本要因は、コメ作りを基本にした社会にある――歴史を鳥瞰しつつ、日本型企業組織の未来を考察した野心作。

国が溶け、人は目覚める

実 哲也

欧州がひとつになる。それは地域の多様性と人や企業の潜在力を国から解き放つこと。通貨統合がもたらした経済ルネッサンスを活写。

ノードストロームウェイ［新版］

スペクター&マッカーシー
山中鏆=監訳

全米No.1の顧客サービスは、どのようにして生まれたのか。世界中が手本とする百貨店・ノードストローム社の経営手法を一挙公開！

経済学をつくった巨人たち

日本経済新聞社=編

200年前、経済学はどのようにして生まれ学問として育ったのか。スミス、マルクスからウエーバーまで先駆者20人の業績を解説。

高度成長の時代

香西 泰

敗戦から1970年代までの日本経済の高度成長の歴史を、経済指標のみならず文学作品も引用しながら解説した名著の文庫化。

基本用語からはじめる日本経済

第一勧銀総合研究所=編

「日本銀行」から「不良債権処理」まで、基本用語を厳選し、最新の動きを題材に平易に解説した入門の入門書。就職活動に最適!

バブル興亡史

塩田 潮

70年前の日本は第1次大戦後のバブル崩壊で大不況に突入した。大正から昭和への経済を丹念に追い、現代への教訓を探る。

社長になる人のための経理の本

岩田康成

会計がわからないトップに経営はできない!――財務諸表の基礎から経営分析の勘どころまでを、研修会方式でやさしく解説する。

お金を殖やしたい人はリスクを学ぼう

日本経済新聞社=編

これからの時代、リスク感覚を磨かないと生き抜けない。投信、生保、株式を中心に6人の専門家が資産運用の勘所を丁寧に教える本。